Pocket L

French Pocket Puzzles

Food & Drink
Volume 4

Compiled by Erik Zidowecki

Note: In some cases , the common word for something may be used instead of the formal word, so as to help provide you with a more natural vocabulary.

For more language learning materials, visit
http://www.scriveremo.com

Part of the Pocket Languages series.
Published by Scriveremo Publishing, a division of Parleremo Languages.

ISBN-13: 978-1975785635
ISBN-10: 1975785630
Copyright © 2017. All Rights Reserved

This book has activities in 8 themes of vocabulary:

Beverages   **Seafood**
Food   **Vegetables**
Fruit   **Restaurant**
Meat   **Shopping**

Contents

Word Searches..................................1
Word Scrambles.............................43
Word Quizzes..................................85
Hints and Solutions........................127
Dictionary...163

Welcome to the Word Search section!

Find all the French words in the puzzles.

Words may be in any direction vertically, horizontally and diagonally.

Parts of speech are given in [].

m = masculine noun   mp = masculine plural
f = feminine noun   fp = feminine plural
adj = adjective   adv = adverb
num = number   v = verb

Word Search #1 - Beverages

r	j	u	s	d	e	p	o	m	m	e	l	l	p	o	s	i
e	e	i	c	i	t	h	é	g	l	a	c	é	u	v	c	e
s	a	o	v	o	d	k	a	d	l	n	n	i	i	é	i	k
k	u	c	f	n	o	s	s	i	o	b	e	o	c	h	n	a
j	u	s	d	a	n	a	n	a	s	c	c	r	g	d	o	h
p	s	d	s	v	t	s	é	e	m	b	h	a	è	o	t	s
u	j	u	s	d	e	t	o	m	a	t	e	k	f	i	r	k
n	a	t	i	u	r	f	e	d	s	u	j	é	j	é	b	l
n	u	è	c	s	j	u	s	d	o	r	a	n	g	e	è	i
c	n	a	l	b	n	i	v	c	i	c	v	p	r	e	e	m

French

vodka *[f]*
jus d'ananas *[m]*
jus de fruit *[m]*
jus d'orange *[m]*
thé glacé *[m]*
jus de tomate *[m]*
café *[m]*
bière *[f]*
milkshake *[m]*
vin blanc *[m]*
jus de pomme *[m]*
boisson *[f]*
eau *[f]*
tonic *[mp]*

English

vodka
pineapple juice
fruit juice
orange juice
iced tea
tomato juice
coffee
beer
milkshake
white wine
apple juice
beverage
water
tonic water

Word Search #2 - Beverages

e	l	a	r	é	n	i	m	u	a	e	è	g	e	c	t	l
a	v	k	é	m	i	l	k	s	h	a	k	e	g	l	é	j
v	d	i	é	m	c	n	a	l	b	n	i	v	u	g	f	è
s	l	o	v	h	t	h	é	g	l	a	c	é	o	d	s	d
u	i	e	s	i	t	p	j	o	e	n	f	u	r	d	s	i
c	i	n	o	t	n	e	è	s	m	p	c	h	n	d	é	p
l	e	t	a	m	o	t	e	d	s	u	j	a	i	f	u	c
v	e	g	n	a	r	o	d	s	u	j	m	j	v	a	e	g
e	d	a	n	o	m	i	l	g	b	j	l	a	e	c	r	b
t	u	j	u	s	d	a	n	a	n	a	s	t	r	h	k	l

French
eau minérale *[f]*
vin *[m]*
milkshake *[m]*
jus de tomate *[m]*
vin rouge *[m]*
soda *[m]*
limonade *[f]*
tonic *[mp]*
thé *[m]*
eau *[f]*
jus d'orange *[m]*
vin blanc *[m]*
jus d'ananas *[m]*
thé glacé *[m]*

English
mineral water
wine
milkshake
tomato juice
red wine
soda
lemonade
tonic water
tea
water
orange juice
white wine
pineapple juice
iced tea

Word Search #3 - Beverages

```
r f p m p f c i d r e i m o f c v
o é j t i u r f e d s u j c c i b
l a s a n a n a d s u j a d p n r
t h é g l a c é k è g t h è n o r
o e g n a r o d s u j b m o t t o
m v i è s r e u c n o s s i o b b
l a i t è n n j u s d e p o m m e
l v u v i n b l a n c h o t t c n
e d a n o m i l o f r e r è i b v
m é f a c e e l a r é n i m u a e
```

French	English
jus de fruit *[m]*	fruit juice
vin blanc *[m]*	white wine
thé glacé *[m]*	iced tea
cidre *[m]*	cider
eau minérale *[f]*	mineral water
jus de pomme *[m]*	apple juice
jus d'ananas *[m]*	pineapple juice
bière *[f]*	beer
limonade *[f]*	lemonade
boisson *[f]*	beverage
tonic *[mp]*	tonic water
lait *[m]*	milk
café *[m]*	coffee
jus d'orange *[m]*	orange juice

Word Search #4 - Beverages

```
v i n b l a n c o b h j é j i c o
j t c l e m f n e k a h s k l i m
e k r e l a r é n i m u a e l c s
g d a k d o v k j n i v o s n o f
u h a o j u s d e f r u i t s r h
i l s n e t a m o t e d s u j v n
v c a f o l s a n a n a d s u j k
t o n i c m e m m o p e d s u j a
t t i è t k i t l v i n r o u g e
a h é b p e è l b m k e v f n é j
```

French

jus de tomate *[m]*
lait *[m]*
vin blanc *[m]*
eau minérale *[f]*
vin *[m]*
limonade *[f]*
jus de fruit *[m]*
vodka *[f]*
jus d'ananas *[m]*
jus de pomme *[m]*
milkshake *[m]*
tonic *[mp]*
soda *[m]*
vin rouge *[m]*

English

tomato juice
milk
white wine
mineral water
wine
lemonade
fruit juice
vodka
pineapple juice
apple juice
milkshake
tonic water
soda
red wine

Word Search #5 - Beverages

```
u k é b v o e k a h s k l i m f s
j u s d e t o m a t e t o n i c a
è d u a h c t a l o c o h c b t v
b t i e d e a u m i n é r a l e h
b b p j u s d a n a n a s r d c é
t i u r f e d s u j b h r è i d g
l c t e f c n a l b n i v d f è l
e t i t o v h f o i b o r d f r t
k h a b o i s s o n b e s a d o s
i é l è b h r i f k k è k d e g k
```

French

thé *[m]*
jus de tomate *[m]*
lait *[m]*
chocolat chaud *[m]*
cidre *[m]*
jus de fruit *[m]*
jus d'ananas *[m]*
eau *[f]*
boisson *[f]*
milkshake *[m]*
tonic *[mp]*
soda *[m]*
eau minérale *[f]*
vin blanc *[m]*

English

tea
tomato juice
milk
hot chocolate
cider
fruit juice
pineapple juice
water
beverage
milkshake
tonic water
soda
mineral water
white wine

Word Search #6 - Food

r	e	g	c	â	s	é	â	l	f	o	y	o	â	c	m	ê
p	â	t	i	s	s	e	r	i	e	u	ê	p	m	o	m	h
t	b	v	g	e	d	r	d	y	o	s	e	o	p	a	i	n
i	l	i	e	a	r	l	â	c	e	s	a	o	c	y	o	f
u	â	n	l	o	l	e	s	y	a	o	u	r	t	l	a	b
c	v	a	h	u	i	l	e	d	o	l	i	v	e	n	u	e
s	s	i	m	v	m	n	o	u	r	r	i	t	u	r	e	u
i	u	g	é	l	a	s	t	i	u	c	s	i	b	l	h	r
b	m	r	c	r	ê	m	e	g	l	a	c	é	e	v	ê	r
e	o	e	r	s	o	u	p	e	d	e	l	é	g	u	m	e

French

crême glacée *[f]*

soupe de légume *[f]*

biscuit salé *[m]*

salade *[f]*

huile d'olive *[f]*

nourriture *[f]*

oeuf *[m]*

yaourt *[m]*

biscuit *[m]*

sel *[m]*

vinaigre *[m]*

pâtisserie *[f]*

beurre *[m]*

pain *[m]*

English

ice-cream

vegetable soup

cracker

salad

olive oil

food

egg

yoghurt

cookie

salt

vinegar

pastry

butter

bread

Word Search #7 - Food

o	n	i	é	g	e	v	i	l	o	d	e	l	i	u	h	e
i	y	a	o	u	r	t	l	p	y	r	e	i	i	l	h	d
t	é	l	a	s	t	i	u	c	s	i	b	r	p	t	h	a
t	t	a	l	o	c	o	h	c	e	d	e	r	r	a	b	l
o	m	o	u	t	a	r	d	e	o	e	u	f	y	u	t	a
é	u	a	e	t	â	g	f	m	i	b	t	d	b	r	e	s
a	c	d	n	m	n	o	u	r	r	i	t	u	r	e	v	b
b	c	i	r	c	r	ê	m	e	g	l	a	c	é	e	i	s
o	a	l	â	y	i	g	d	f	m	é	e	p	y	e	e	g
p	s	o	u	p	e	d	e	l	é	g	u	m	e	l	y	s

French

oeuf *[m]*

beurre *[m]*

crême glacée *[f]*

gâteau *[m]*

yaourt *[m]*

moutarde *[f]*

soupe de légume *[f]*

barre de chocolat *[f]*

pain *[m]*

salade *[f]*

huile d'olive *[f]*

nourriture *[f]*

biscuit salé *[m]*

sel *[m]*

English

egg

butter

ice-cream

cake

yoghurt

mustard

vegetable soup

chocolate bar

bread

salad

olive oil

food

cracker

salt

Word Search #8 - Food

h	u	s	o	u	p	e	d	e	l	é	g	u	m	e	c	n
e	i	r	e	s	s	i	t	â	p	h	p	a	i	n	s	u
â	ê	s	p	a	i	f	u	s	t	a	a	a	r	y	c	s
b	d	r	l	h	r	y	d	u	g	b	e	u	r	r	e	d
g	y	a	h	o	h	h	u	i	l	e	d	o	l	i	v	e
p	d	a	m	é	g	â	t	e	a	u	p	â	d	s	e	l
e	r	a	l	é	l	a	s	t	i	u	c	s	i	b	p	m
s	g	e	é	c	a	l	g	e	m	ê	r	c	b	u	n	d
e	c	ê	h	c	a	h	e	r	c	u	s	n	o	s	a	l
t	i	u	c	s	i	b	â	ê	t	r	u	o	a	y	h	â

French

soupe de légume *[f]*

fromage *[m]*

biscuit salé *[m]*

pâtisserie *[f]*

sel *[m]*

salade *[f]*

beurre *[m]*

sucre *[m]*

huile d'olive *[f]*

gâteau *[m]*

yaourt *[m]*

biscuit *[m]*

pain *[m]*

crême glacée *[f]*

English

vegetable soup

cheese

cracker

pastry

salt

salad

butter

sugar

olive oil

cake

yoghurt

cookie

bread

ice-cream

Word Search #9 - Food

r	a	u	s	h	â	l	l	y	d	é	é	m	é	g	f	g
y	t	y	é	t	b	i	s	c	u	i	t	s	a	l	é	â
a	s	f	e	f	r	o	m	a	g	e	s	d	é	m	o	t
o	u	u	e	é	c	a	l	g	e	m	ê	r	c	o	i	e
u	v	i	n	a	i	g	r	e	r	r	u	e	b	u	p	a
r	d	v	t	c	p	â	t	i	s	s	e	r	i	e	r	u
t	m	o	u	t	a	r	d	e	ê	f	u	e	o	p	a	o
e	o	n	s	o	u	p	e	d	e	l	é	g	u	m	e	r
y	o	l	p	h	v	u	n	é	h	s	a	l	a	d	e	v
v	p	a	i	n	ê	r	f	c	h	e	p	r	s	e	l	o

French

soupe de légume *[f]*
pain *[m]*
yaourt *[m]*
pâtisserie *[f]*
beurre *[m]*
moutarde *[f]*
biscuit salé *[m]*
oeuf *[m]*
sel *[m]*
gâteau *[m]*
crême glacée *[f]*
salade *[f]*
vinaigre *[m]*
fromage *[m]*

English

vegetable soup
bread
yoghurt
pastry
butter
mustard
cracker
egg
salt
cake
ice-cream
salad
vinegar
cheese

Word Search #10 - Food

é	l	a	s	t	i	u	c	s	i	b	f	f	p	a	i	n
p	â	t	i	s	s	e	r	i	e	ê	y	a	o	u	r	t
e	m	u	g	é	l	e	d	e	p	u	o	s	n	u	u	c
l	d	b	a	r	r	e	d	e	c	h	o	c	o	l	a	t
c	s	e	r	r	n	f	r	o	m	a	g	e	g	i	d	d
g	a	u	n	s	v	f	g	â	t	e	a	u	h	r	s	ê
o	l	r	é	r	u	h	e	d	o	n	g	e	r	ê	e	a
c	a	r	u	e	s	v	h	â	f	d	s	v	i	h	l	t
v	d	e	o	l	f	f	m	t	e	r	g	i	a	n	i	v
o	e	b	g	b	v	c	r	ê	m	e	g	l	a	c	é	e

French

fromage *[m]*
gâteau *[m]*
sel *[m]*
biscuit salé *[m]*
soupe de légume *[f]*
barre de chocolat *[f]*
salade *[f]*
oeuf *[m]*
vinaigre *[m]*
crême glacée *[f]*
pâtisserie *[f]*
beurre *[m]*
yaourt *[m]*
pain *[m]*

English

cheese
cake
salt
cracker
vegetable soup
chocolate bar
salad
egg
vinegar
ice-cream
pastry
butter
yoghurt
bread

Word Search #11 - Fruit

i	y	c	s	â	û	e	m	û	r	e	c	r	x	e	n	s
a	ê	e	l	a	è	b	y	e	s	i	r	e	c	t	c	û
p	i	n	m	a	n	d	a	r	i	n	e	i	v	è	i	a
r	s	g	n	o	i	s	e	t	t	e	û	o	p	u	t	û
u	d	i	è	x	â	o	p	r	u	n	e	a	u	h	r	r
n	x	a	d	t	r	e	v	n	o	r	t	i	c	a	o	a
e	i	t	t	l	û	n	r	l	û	g	ê	q	n	c	n	i
n	o	â	a	n	r	l	e	n	l	d	t	ê	n	a	q	s
d	n	h	h	i	è	m	y	h	v	r	v	q	s	c	q	i
û	o	c	a	q	v	u	e	m	m	o	p	f	è	e	y	n

French **English**

citron vert *[m]*   lime
citron *[m]*   lemon
châtaigne *[f]*   chestnut
pruneau *[m]*   prune
mandarine *[f]*   tangerine
noix *[f]*   walnut
melon *[m]*   melon
raisin *[m]*   grape
cerise *[f]*   cherry
noisette *[f]*   hazelnut
pomme *[f]*   apple
prune *[f]*   plum
mûre *[f]*   blackberry
cacahuète *[f]*   peanut

Word Search #12 - Fruit

o	b	m	y	r	t	i	l	l	e	è	l	f	â	c	y	m
e	c	o	e	t	t	e	s	i	o	n	s	y	a	x	h	n
û	d	o	e	e	p	a	m	p	l	e	m	o	u	s	s	e
v	a	n	c	è	e	ê	f	o	r	a	n	g	e	i	x	n
e	o	t	a	e	t	s	d	i	e	h	c	ê	p	l	c	u
x	b	l	i	m	d	y	i	è	g	n	p	n	ê	t	n	r
â	h	l	l	u	a	x	i	r	i	u	a	e	ê	v	ê	p
f	i	c	u	b	r	b	i	u	e	û	e	n	d	y	t	d
e	r	i	o	p	i	f	e	o	y	c	u	m	a	m	è	x
t	d	q	e	r	û	m	h	â	n	r	d	p	g	b	n	y

French

pamplemousse *[m]*
noix de coco *[f]*
noisette *[f]*
amande *[f]*
banane *[f]*
poire *[f]*
fruit *[m]*
cerise *[f]*
orange *[f]*
pêche *[f]*
mûre *[f]*
prune *[f]*
myrtille *[f]*
figue *[f]*

English

grapefruit
coconut
hazelnut
almond
banana
pear
fruit
cherry
orange
peach
blackberry
plum
blueberry
fig

Word Search #13 - Fruit

```
è p h u è b a n a n e h v q d u n
p r o o i e n g i a t â h c d d o
m a v i u c u g a u c â h b o m l
x i m a r x l m g r a n a n a s e
c s h e â e a b e è i e c è t â m
u i e a p n o n a b r i c o t â m
t n m y d g u m a a û n i s i a r
r s m e d r o c o c e d x i o n s
u e o x p ê t e u q è t s a p o d
f c p t v c i t r o n v e r t c b
```

French

poire *[f]*
châtaigne *[f]*
noix de coco *[f]*
banane *[f]*
raisin *[m]*
pomme *[f]*
amande *[f]*
ananas *[m]*
melon *[m]*
prune *[f]*
pastèque *[f]*
abricot *[m]*
citron vert *[m]*
raisin sec *[m]*

English

pear
chestnut
coconut
banana
grape
apple
almond
pineapple
melon
plum
watermelon
apricot
lime
raisin

Word Search #14 - Fruit

```
m h t a è è e n i r a d n a m p i
e c e u q è t s a p û m p v d o v
b i a n a n a s h e u g i f ê m a
l x b e c n o i x d e c o c o m b
r i t m û h q p r u n e a u b e r
u o ê è m c a c a h u è t e p u i
d n a a â e x f r a m b o i s e c
f l o n o r t i c m e c o r v â o
n o i s e t t e f p f c â q q ê t
p h y r c e s n i s i a r m è x l
```

French

pruneau *[m]*
ananas *[m]*
raisin sec *[m]*
pomme *[f]*
framboise *[f]*
pastèque *[f]*
noix *[f]*
noix de coco *[f]*
mandarine *[f]*
citron *[m]*
figue *[f]*
noisette *[f]*
abricot *[m]*
cacahuète *[f]*

English

prune
pineapple
raisin
apple
raspberry
watermelon
walnut
coconut
tangerine
lemon
fig
hazelnut
apricot
peanut

Word Search #15 - Fruit

f	ê	o	c	o	c	e	d	x	i	o	n	s	h	d	q	m
e	n	g	i	a	t	â	h	c	o	p	x	u	c	y	u	e
c	i	â	è	ê	r	x	n	m	n	f	o	s	i	m	c	l
i	ê	û	e	i	i	e	p	è	â	i	e	m	m	y	e	o
t	f	p	c	o	b	ê	g	i	d	g	s	h	m	c	a	n
r	r	c	n	n	è	m	d	n	p	u	e	i	q	e	e	m
o	u	l	q	d	t	û	t	m	a	e	â	û	a	e	â	n
n	i	s	m	t	i	b	û	l	û	r	c	l	p	r	y	a
v	t	t	o	c	i	r	b	a	i	r	o	v	s	a	i	è
v	t	r	e	v	n	o	r	t	i	c	e	t	t	a	d	q

French

noix *[f]*

citron vert *[m]*

mûre *[f]*

melon *[m]*

pomme *[f]*

raisin *[m]*

orange *[f]*

noix de coco *[f]*

datte *[f]*

citron *[m]*

figue *[f]*

châtaigne *[f]*

abricot *[m]*

fruit *[m]*

English

walnut

lime

blackberry

melon

apple

grape

orange

coconut

date

lemon

fig

chestnut

apricot

fruit

Word Search #16 - Meat

```
s l a n g u e g b g f g c p t v a
e e s c b a c o n s u ô n n ô b u
p d n t f i l e t r t d o j e d s
i n n n e f a u t e i g c v a a p
r a a o r a k d l k u c l s u r b
t i ô b t k k e l a a d a c f j m
a v t m f u t d e m s l i l u i e
r l d a u t o v i m a s l l e p k
p d t j e g t m f m s j t r o s f
d a e i t ô r f i e u f n o b u g
```

French

mouton *[m]*
tripes *[fp]*
rôti *[adj]*
saucisse *[f]*
steak *[m]*
bacon *[m]*
viande *[m]*
veau *[m]*
salami *[m]*
côtelette *[f]*
boeuf *[m]*
jambon *[m]*
filet *[m]*
langue *[f]*

English

mutton
tripe
roast
sausage
steak
bacon
meat
veal
salami
cutlet
beef
ham
loin
tongue

Word Search #17 - Meat

```
u a e n g a c ô t e j g n v o g l
b o u l e t t e s d e v i a n d e
l g c k j i d m e o b l n k u g b
k i j m m k b ô b d m v t t d a o
a e n a i d m a a f n i u e f u e
e r l n n ô a v c s o a t l l c u
t a u a e v c l l o v i i g i i f
s t o a d r a g b t n f e v f k f
v t b j o m p j p u m o u t o n m
a j m p m v o j j g i t ô r u d d
```

French   **English**

boulettes de viande *[fp]*   meatballs
mouton *[m]*   mutton
agneau *[m]*   lamb
bacon *[m]*   bacon
foie *[m]*   liver
veau *[m]*   veal
steak *[m]*   steak
viande *[m]*   meat
côte *[f]*   rib roast
porc *[m]*   pork
filet *[m]*   loin
boeuf *[m]*   beef
salami *[m]*   salami
rôti *[adj]*   roast

Word Search #18 - Meat

```
f u e o b u a d v s v n g n f ô c
m p o b n u ô u u u u i j c i ô e
d j a m b o n ô a m k j a k t m ô
u r s k e t i b e o n e u e g m r
l a n g u e a n n u v i a n d e s
p p u n a c b d g t r u a e v f a
c r o p o g v f a o i l k r o i l
g i d n o e v d v n t g c i f k a
u j e s s i c u a s d t e i e g m
ô f f i b s o r t j f l k u l g i
```

French

mouton *[m]*
viande *[m]*
langue *[f]*
salami *[m]*
agneau *[m]*
porc *[m]*
rosbif *[m]*
bacon *[m]*
boeuf *[m]*
côte *[f]*
saucisse *[f]*
veau *[m]*
jambon *[m]*
foie *[m]*

English

mutton
meat
tongue
salami
lamb
pork
roast beef
bacon
beef
rib roast
sausage
veal
ham
liver

Word Search #19 - Meat

t	b	s	e	p	i	r	t	c	d	ô	b	m	c	c	m	b
d	a	s	f	m	o	u	t	o	n	b	c	n	i	t	ô	r
g	j	k	ô	ô	e	v	t	s	i	ô	s	t	e	a	k	p
i	ô	v	o	f	j	m	a	k	t	m	f	v	e	a	u	v
r	r	g	s	ô	s	e	k	e	u	d	a	j	j	u	l	c
b	m	k	g	u	r	v	i	a	n	d	e	l	p	o	a	s
n	u	b	c	r	o	p	b	l	n	a	n	e	a	c	n	j
e	t	t	e	l	e	t	ô	c	i	t	i	i	c	s	g	p
u	s	c	b	ô	f	ô	j	v	j	v	e	o	i	i	u	v
s	u	a	e	n	g	a	k	f	r	m	r	f	s	u	e	k

French

côte *[f]*
salami *[m]*
viande *[m]*
côtelette *[f]*
rôti *[adj]*
tripes *[fp]*
mouton *[m]*
langue *[f]*
foie *[m]*
veau *[m]*
porc *[m]*
steak *[m]*
rein *[m]*
agneau *[m]*

English

rib roast
salami
meat
cutlet
roast
tripe
mutton
tongue
liver
veal
pork
steak
kidney
lamb

Word Search #20 - Meat

```
p k j b a c o n l f d u a e n g a
t r i p e s o k b ô g i t j ô c b
u m j s a u c i s s e n r t g o n
a i t o d v i a n d e j a m b o n
f f m r e i n p p a n o c l j i j
d a i i r i m a l a s f ô u b b r
n o s ô f g p r u s r o s b i f j
m o u t o n k u c r o p f u e o b
s n c p i s a i g k u i c ô t e g
r e n k e m l n r d t o f p o t p
```

French

rein *[m]*
rosbif *[m]*
salami *[m]*
saucisse *[f]*
agneau *[m]*
tripes *[fp]*
côte *[f]*
bacon *[m]*
foie *[m]*
viande *[m]*
jambon *[m]*
mouton *[m]*
porc *[m]*
boeuf *[m]*

English

kidney
roast beef
salami
sausage
lamb
tripe
rib roast
bacon
liver
meat
ham
mutton
pork
beef

Word Search #21 - Seafood

```
c j s l t é c r e v i s s e b h b
n î r e m e d s t i u r f f a î g
a o o c d e b a r c u u h d n l c
l h h e a c r e v e t t e o g t i
h a î t e d l j i c f î p v u g l
v r c q l e s t u r g e o n i c r
c e e h u a e r e u q a m n l j s
j n q v p p a r l o u r d e l o c
t g n o m u a s a t r u i t e d l
f u v e i l p v m a a n c h o i s
```

French

crabe *[m]*
parlourde *[f]*
hareng *[m]*
plie *[f]*
saumon *[m]*
crevette *[f]*
thon *[m]*
écrevisse *[f]*
anguille *[f]*
fruits de mer *[mp]*
esturgeon *[m]*
truite *[f]*
maquereau *[m]*
anchois *[mp]*

English

crab
clam
herring
plaice
salmon
shrimp
tuna
crayfish
eel
seafood
sturgeon
trout
mackerel
anchovies

Word Search #22 - Seafood

p	t	a	d	r	a	m	o	h	î	n	u	e	o	e	f	s
f	h	n	h	r	a	b	r	l	b	b	h	f	h	c	d	o
l	b	g	t	e	p	h	o	u	j	c	e	p	l	u	o	p
r	o	u	s	h	q	q	r	u	r	t	i	g	m	t	t	c
f	e	i	i	u	o	a	s	e	r	t	î	u	h	f	j	m
c	e	l	u	o	m	n	p	j	g	h	a	r	e	n	g	v
p	b	l	n	o	d	a	p	s	e	b	f	b	c	l	e	r
é	q	e	o	r	î	d	c	r	a	b	e	q	s	n	i	d
r	a	v	b	s	s	e	t	t	e	v	e	r	c	r	t	v
d	j	r	m	î	j	l	e	t	t	e	v	e	r	c	i	h

French	**English**
crevettes *[fp]*	prawns
perche *[f]*	perch
hareng *[m]*	herring
anguille *[f]*	eel
crevette *[f]*	shrimp
espadon *[m]*	swordfish
crabe *[m]*	crab
moule *[f]*	mussels
thon *[m]*	tuna
homard *[m]*	lobster
bar *[m]*	bass
sole *[f]*	sole
poulpe *[m]*	octopus
huîtres *[fp]*	oysters

Word Search #23 - Seafood

```
u i o d r q u a e r e u q a m u o
p e l u o m o p j f e h c r e p e
r e n i d r a s a n c h o i s f a
s g n n o d a p s e e l o s m u b
h o v p f t b c a e p r a c o e q
l u o v u t h b s o n o s s i o p
f j u h g q e t i u r t v v g î f
s j c a r d r a m o h r p l b b b
e f r u i t s d e m e r t o m a n
r n s s e t t e v e r c q p v m r
```

French

carpe *[f]*
fruits de mer *[mp]*
maquereau *[m]*
moule *[f]*
anchois *[mp]*
perche *[f]*
truite *[f]*
poisson *[m]*
sole *[f]*
crevettes *[fp]*
sardine *[f]*
bar *[m]*
espadon *[m]*
homard *[m]*

English

carp
seafood
mackerel
mussels
anchovies
perch
trout
fish
sole
prawns
sardine
bass
swordfish
lobster

Word Search #24 - Seafood

c	d	d	é	h	i	e	m	t	r	j	d	b	h	s	d	m
r	a	m	o	r	u	e	p	a	j	i	b	v	n	e	c	é
s	a	r	d	i	n	e	b	d	i	r	d	d	q	t	î	a
f	f	s	p	o	t	q	î	o	u	r	s	i	n	t	u	o
e	s	q	g	e	j	r	d	e	s	t	u	r	g	e	o	n
l	m	b	é	j	o	h	u	î	t	r	e	s	c	v	r	f
u	î	v	e	o	l	p	f	i	l	r	î	v	t	e	r	d
o	a	n	c	h	o	i	s	é	t	p	s	i	é	r	i	a
m	u	h	a	r	e	n	g	e	é	e	q	i	é	c	s	s
p	o	u	l	p	e	l	î	h	h	o	m	a	r	d	m	r

French

bar *[m]*
huîtres *[fp]*
truite *[f]*
hareng *[m]*
crevettes *[fp]*
esturgeon *[m]*
carpe *[f]*
sardine *[f]*
oursin *[m]*
anchois *[mp]*
homard *[m]*
morue *[f]*
poulpe *[m]*
moule *[f]*

English

bass
oysters
trout
herring
prawns
sturgeon
carp
sardine
sea urchin
anchovies
lobster
cod
octopus
mussels

Word Search #25 - Seafood

s	i	é	o	î	e	m	i	î	f	o	g	p	c	a	a	g
e	l	c	a	i	s	i	d	r	a	m	o	h	l	u	î	g
t	f	r	u	i	t	s	d	e	m	e	r	m	s	q	j	c
t	n	e	l	i	u	n	t	p	a	r	l	o	u	r	d	e
e	o	v	s	e	r	t	î	u	h	u	é	t	u	s	o	a
v	d	i	e	q	g	j	r	i	s	p	a	é	v	a	p	h
e	a	s	p	v	e	r	g	a	h	m	l	a	h	u	d	v
r	p	s	r	m	o	p	u	u	b	u	d	i	s	m	v	j
c	s	e	a	s	n	m	o	u	l	e	t	u	e	o	h	q
o	e	b	c	p	p	o	u	l	p	e	s	j	s	n	i	g

French

esturgeon *[m]*
plie *[f]*
parlourde *[f]*
bar *[m]*
moule *[f]*
fruits de mer *[mp]*
homard *[m]*
carpe *[f]*
huîtres *[fp]*
crevettes *[fp]*
poulpe *[m]*
espadon *[m]*
saumon *[m]*
écrevisse *[f]*

English

sturgeon
plaice
clam
bass
mussels
seafood
lobster
carp
oysters
prawns
octopus
swordfish
salmon
crayfish

Word Search #26 - Vegetables

l	n	h	r	h	n	o	n	g	i	p	m	a	h	c	f	i
v	b	é	g	n	v	s	g	n	e	p	p	e	n	l	v	b
e	m	u	g	é	l	h	t	p	o	g	h	m	é	i	r	h
c	c	b	s	n	é	g	a	o	p	n	r	t	e	a	t	v
m	b	t	p	e	r	s	i	l	c	o	g	e	a	t	s	f
v	e	n	i	g	r	e	b	u	a	i	i	i	p	n	i	m
l	e	c	h	o	u	f	l	e	u	r	r	v	o	s	d	t
a	e	l	a	i	t	u	e	a	g	p	n	a	r	d	a	l
é	b	r	h	u	b	a	r	b	e	u	u	d	h	e	r	f
d	a	e	h	c	i	h	c	s	i	o	p	c	i	a	n	d

French

persil *[m]*

oignon *[m]*

aubergine *[f]*

poivre *[m]*

ail *[m]*

pois chiche *[mp]*

champignon *[m]*

asperge *[f]*

rhubarbe *[f]*

laitue *[f]*

radis *[m]*

légume *[m]*

haricots *[mp]*

chou-fleur *[m]*

English

parsley

onion

aubergine

pepper

garlic

chickpeas

mushroom

asparagus

rhubarb

lettuce

radish

vegetable

beans

cauliflower

Word Search #27 - Vegetables

ï	ï	m	u	a	h	h	m	r	u	e	l	f	u	o	h	c
b	n	o	n	g	i	p	m	a	h	c	g	b	c	t	d	r
r	n	b	e	t	t	e	r	a	v	e	i	a	u	d	l	é
o	ï	e	r	r	e	t	e	d	e	m	m	o	p	f	c	g
c	f	s	p	s	p	e	t	i	t	s	p	o	i	s	i	n
o	c	o	u	r	g	e	t	t	e	s	a	u	g	ï	m	i
l	b	c	é	l	e	r	i	c	e	m	u	g	é	l	o	p
i	c	i	e	h	t	d	r	h	u	b	a	r	b	e	é	ï
v	d	u	ï	p	e	r	s	i	l	r	a	d	i	s	i	o
s	t	o	c	i	r	a	h	c	a	r	o	t	t	e	h	u

French

céleri *[m]*

petits pois *[mp]*

brocoli *[m]*

champignon *[m]*

betterave *[f]*

carotte *[f]*

persil *[m]*

pomme de terre *[f]*

chou-fleur *[m]*

haricots *[mp]*

radis *[m]*

rhubarbe *[f]*

courgettes *[fp]*

légume *[m]*

English

celery

peas

broccoli

mushroom

beet

carrot

parsley

potato

cauliflower

beans

radish

rhubarb

zucchini

vegetable

Word Search #28 - Vegetables

o	g	f	e	b	e	t	t	e	r	a	v	e	f	f	d	o
m	u	a	b	é	t	l	p	e	t	i	t	s	p	o	i	s
d	é	u	a	o	i	i	g	o	é	b	h	u	s	d	u	f
h	c	r	h	u	b	a	r	b	e	s	i	d	o	é	s	o
t	t	n	o	n	g	i	o	l	s	i	r	s	a	h	p	g
t	u	a	h	c	i	t	r	a	i	a	v	s	d	h	c	h
e	n	i	g	r	e	b	u	a	n	m	ï	o	s	ï	a	m
s	g	v	l	n	o	n	g	i	p	m	a	h	c	g	m	a
v	e	r	v	i	o	p	p	p	t	d	l	a	i	t	u	e
a	m	f	p	u	l	é	f	e	n	o	u	i	l	c	e	h

French

betterave *[f]*
ail *[m]*
artichaut *[m]*
champignon *[m]*
épinards *[mp]*
petits pois *[mp]*
maïs *[m]*
aubergine *[f]*
laitue *[f]*
oignon *[m]*
fenouil *[m]*
chou *[m]*
rhubarbe *[f]*
poivre *[m]*

English

beet
garlic
artichoke
mushroom
spinach
peas
corn
aubergine
lettuce
onion
fennel
cabbage
rhubarb
pepper

Word Search #29 - Vegetables

```
g v é f u l a h a i l n o n g i o
c e v i ï l i r u e l f u o h c f
a p o i v r e c l é g u m e r r t
i ï a u b e r g i n e l c a a p o
e c h e r b m o c n o c f u d v p
s t é f p o m m e d e t e r r e c
r d a l f e n o u i l m a t r a h
g u c m e r d é d e u t i a l a o
h i p l o r p r a i i d r é a r u
i g r v ï t i v d i l o c o r b r
```

French

concombre *[m]*
pomme de terre *[f]*
tomate *[f]*
poivre *[m]*
légume *[m]*
aubergine *[f]*
céleri *[m]*
ail *[m]*
fenouil *[m]*
brocoli *[m]*
chou *[m]*
oignon *[m]*
laitue *[f]*
chou-fleur *[m]*

English

cucumber
potato
tomato
pepper
vegetable
aubergine
celery
garlic
fennel
broccoli
cabbage
onion
lettuce
cauliflower

Word Search #30 - Vegetables

```
f a s c h o u f l e u r s d u é e
a f d i i é e t t o r a c o s t l
a t d h s é i f v n ï ï h h r l l
v b m f p e r s i l r c n m ï g i
n i r e l é c h a i l f c a u s u
o n e h c i h c s i o p l ï v n o
n é l p c o u r g e t t e s c h r
g f o f b m e r v i o p v s n c t
i é i a e n n s t o c i r a h v i
o a f h ï c o r n i c h o n s g c
```

French

poivre *[m]*

pois chiche *[mp]*

persil *[m]*

haricots *[mp]*

chou-fleur *[m]*

maïs *[m]*

courgettes *[fp]*

céleri *[m]*

oignon *[m]*

citrouille *[f]*

ail *[m]*

carotte *[f]*

cornichons *[mp]*

chou *[m]*

English

pepper

chickpeas

parsley

beans

cauliflower

corn

zucchini

celery

onion

pumpkin

garlic

carrot

gherkins

cabbage

Word Search #31 - Restaurant

```
r î e u x a s e r v e u s e è s i
n r t t n c a r t e d e s v i n s
o e t a l p r i x t j e s i a h c
n v e s g l t n p r r e g n a m f
f r h s l d î n e r v é h î j x a
u e c e h b b f g o c l m g r à c
m s r e m h g f d o m u i e a t t
e é u i b r m f à d f c h f a h u
u r o c r e p a s m p c o î t r r
r é f f i o s s a c t i p g u x e
```

French

cher *[adj]*

prix *[m]*

fourchette *[f]*

réserver *[v]*

carte des vins *[f]*

serveuse *[f]*

repas *[m]*

non-fumeur *[adj]*

chaise *[f]*

tasse *[f]*

dîner *[m]*

manger *[v]*

facture *[f]*

assoiffé *[adj]*

English

expensive

price

fork

to reserve

wine list

waitress

meal

non-smoking

chair

cup

dinner

to eat

bill

thirsty

Word Search #32 - Restaurant

```
r e n u e j é d t i t e p g n j m
l t e i b à c b é h c r a m n o b
i e t u a e t u o c n d f o f i à
j s e r u t c a f l j n a p p e l
n s v è l f é é h b d p r d e x s
d a è v l a p i c n i r p t a l p
v t è t a p l m g è c a r t e j j
c u i l l i è r e e s a p e r s m
m s n i v s e d e t r a c à e o o
p t a b l e d m r e i r d n e c l
```

French

plat principal *[m]*
table *[f]*
bon marché *[adj]*
tasse *[f]*
petit-déjeuner *[m]*
carte *[f]*
nappe *[f]*
repas *[m]*
couteau *[m]*
bol *[m]*
cendrier *[m]*
carte des vins *[f]*
facture *[f]*
cuillière *[f]*

English

main course
table
cheap
cup
breakfast
menu
tablecloth
meal
knife
bowl
ashtray
wine list
bill
spoon

Word Search #33 - Restaurant

b	é	é	i	c	a	r	t	e	d	e	s	v	i	n	s	é
c	c	x	é	à	r	i	i	c	è	r	j	è	r	t	m	f
t	h	x	j	e	p	r	à	e	d	e	n	e	u	é	r	f
x	b	e	p	d	r	e	t	r	g	v	a	r	e	e	b	i
o	h	a	r	i	i	g	l	i	é	r	p	u	m	t	o	o
d	s	x	o	x	x	n	î	o	b	e	p	t	u	r	i	s
g	g	m	h	u	n	a	g	b	à	s	e	c	f	a	s	s
r	e	s	p	g	r	m	î	m	o	é	r	a	à	c	s	a
î	e	e	à	m	e	s	s	a	t	r	x	f	a	t	o	v
x	j	è	v	r	x	s	n	s	c	n	j	p	à	l	n	h

French

tasse *[f]*
nappe *[f]*
cher *[adj]*
facture *[f]*
réserver *[v]*
repas *[m]*
manger *[v]*
carte *[f]*
prix *[m]*
boisson *[f]*
assoiffé *[adj]*
boire *[v]*
fumeur *[adj]*
carte des vins *[f]*

English

cup
tablecloth
expensive
bill
to reserve
meal
to eat
menu
price
beverage
thirsty
to drink
smoking
wine list

Word Search #34 - Restaurant

```
m c d e s s e r t d b l à é u s î
c è g m r e n u e j é d g h o e x
o a o o x u r b f c u v i c v r o
m b e i l e n o s s i o b r à v a
m c r c o u t e a u e l b a t e p
a p u o t a s s e r é b t m u u v
n v t c a r t e d e s v i n s r s
d v c j b e r r e v n f a o p g é
e b a n d a e l x e b u n b i l o
r u f t r e n u e j é d t i t e p
```

French	**English**
carte des vins *[f]*	wine list
bon marché *[adj]*	cheap
prix *[m]*	price
serveur *[m]*	waiter
petit-déjeuner *[m]*	breakfast
boisson *[f]*	beverage
commander *[v]*	to order
déjeuner *[m]*	lunch
couteau *[m]*	knife
facture *[f]*	bill
table *[f]*	table
verre *[m]*	glass
dessert *[m]*	dessert
tasse *[f]*	cup

Word Search #35 - Restaurant

```
c r x c a r t e d e s v i n s s b
s u f o u r c h e t t e v e r a c
a l x j b o i s s o n n p c i o f
p m r e d n a m m o c t e p u g u
e î è j m a n g e r l s d t x t m
r é h c r a m n o b s r e a i t e
î h u v c p c s n a o a h è n m u
r v r s o t o u t j u p x h p i r
o d î o p r e i d a l a s è s a b
e r u t c a f c h a i s e b m f n
```

French

tasse *[f]*
bon marché *[adj]*
faim *[f]*
boisson *[f]*
saladier *[m]*
chaise *[f]*
commander *[v]*
facture *[f]*
couteau *[m]*
carte des vins *[f]*
fumeur *[adj]*
fourchette *[f]*
repas *[m]*
manger *[v]*

English

cup
cheap
hungry
beverage
salad bowl
chair
to order
bill
knife
wine list
smoking
fork
meal
to eat

Word Search #36 - Shopping

o	t	é	c	è	d	é	p	v	a	e	m	m	a	g	h
m	è	h	s	a	c	p	l	û	a	p	e	s	o	r	n	h
r	é	a	h	û	a	i	î	s	e	s	r	u	o	c	e	è
h	è	r	q	n	t	î	c	a	i	s	s	i	e	r	û	n
é	è	h	i	r	o	û	é	t	a	g	è	r	e	è	è	i
e	s	e	e	l	c	i	t	r	a	r	r	g	c	h	û	s
s	r	m	h	l	h	k	b	r	u	è	c	o	û	t	d	a
c	o	m	p	t	o	i	r	é	h	c	r	a	m	v	n	g
û	k	v	d	q	f	f	e	c	h	a	r	i	o	t	k	a
f	g	d	m	n	m	b	o	î	t	e	û	p	a	k	v	m

French

litre *[m]*
étagère *[f]*
coût *[m]*
boîte *[f]*
comptoir *[m]*
panier *[m]*
article *[m]*
magasin *[m]*
marché *[m]*
courses *[fp]*
sac *[m]*
chariot *[m]*
caissier *[m]*
gramme *[m]*

English

litre
shelf
cost
box
counter
bin
item
shop
market
shopping
bag
trolley
cashier
gram

Word Search #37 - Shopping

o	s	t	o	i	r	a	h	c	b	e	p	h	û	m	a	i
m	t	r	e	t	é	i	p	p	t	f	l	a	l	k	n	î
r	v	t	u	û	î	r	o	e	n	o	l	q	n	t	b	h
q	î	c	é	o	s	a	s	t	g	a	g	i	f	i	e	f
s	f	d	û	c	s	é	r	î	p	b	r	t	t	m	e	o
d	è	t	c	a	g	s	û	o	m	m	é	t	m	r	v	r
i	o	o	h	p	g	v	m	b	r	q	o	a	i	h	e	è
o	b	e	c	o	u	r	s	e	s	i	r	c	é	c	q	o
p	û	f	e	p	q	n	e	r	è	g	a	t	é	o	l	h
i	e	s	s	i	a	c	i	v	v	e	n	t	e	v	l	e

French   **English**
boîte *[f]*   box
vente *[f]*   sale
mûr *[adj]*   ripe
panier *[m]*   bin
article *[m]*   item
coût *[m]*   cost
gramme *[m]*   gram
chariot *[m]*   trolley
courses *[fp]*   shopping
comptoir *[m]*   counter
poids *[m]*   weight
caisse *[f]*   checkout
étagère *[f]*   shelf
litre *[m]*   litre

Word Search #38 - Shopping

```
h k î k c o m p t o i r q g é q m
r î m i k a c h a r i o t p t è é
e r è g a t é n a a d q k f i p u
l é e e u r e i s s i a c r q c u
t b o î t e c v l c s i v a u o u
p c m b l o s i h h n i q i e u u
o o q r è t g r a m m e d s t r c
i û s e r t i l é h c r a m t s û
d t m e û b a û k b l h è g e e n
s r û o f k é p t e r s a c o s d
```

French

caissier *[m]*
coût *[m]*
étiquette *[f]*
comptoir *[m]*
étagère *[f]*
frais *[adj]*
gramme *[m]*
boîte *[f]*
sac *[m]*
marché *[m]*
chariot *[m]*
litre *[m]*
poids *[m]*
courses *[fp]*

English

cashier
cost
label
counter
shelf
fresh
gram
box
bag
market
trolley
litre
weight
shopping

Word Search #39 - Shopping

```
d h s u p e r m a r c h é b a d è
î g e r t i l i n û l i r û s è v
é t a g è r e e t n e v e p u h p
e m m a r g o l i k û é i u v r n
î b o c f i c b h c a s s t û o c
e è é g r e i n a p é f s n t v r
î è n i s a g a m n r r i è b û t
h n o g r a m m e g t a a a m î f
f é t i q u e t t e k i c l f è l
i h l é s l î p l r î s p v a é o
```

French   **English**

caissier *[m]*   cashier

litre *[m]*   litre

panier *[m]*   bin

gramme *[m]*   gram

mûr *[adj]*   ripe

supermarché *[m]*   supermarket

kilogramme *[m]*   kilogram

étiquette *[f]*   label

coût *[m]*   cost

vente *[f]*   sale

étagère *[f]*   shelf

magasin *[m]*   shop

frais *[adj]*   fresh

sac *[m]*   bag

Word Search #40 - Shopping

m	d	n	p	n	p	p	r	o	v	i	s	i	o	n	s	f
q	c	e	t	c	a	s	û	é	d	f	o	r	è	n	m	s
s	h	r	g	u	p	v	é	h	c	r	a	m	q	i	l	f
k	a	è	n	e	s	û	a	k	o	b	é	g	o	l	n	î
n	r	g	i	t	i	a	p	è	û	e	n	q	o	d	e	k
v	i	a	i	n	a	d	n	f	t	c	a	i	s	s	e	c
t	o	t	f	e	r	b	f	k	o	c	s	g	i	i	û	g
s	t	é	f	v	f	k	i	l	o	g	r	a	m	m	e	é
h	i	c	a	i	s	s	i	e	r	p	a	n	i	e	r	u
é	e	r	t	i	l	r	c	p	é	a	r	t	i	c	l	e

French

chariot *[m]*

frais *[adj]*

étagère *[f]*

panier *[m]*

coût *[m]*

caissier *[m]*

provisions *[fp]*

kilogramme *[m]*

article *[m]*

sac *[m]*

marché *[m]*

vente *[f]*

caisse *[f]*

litre *[m]*

English

trolley

fresh

shelf

bin

cost

cashier

groceries

kilogram

item

bag

market

sale

checkout

litre

Welcome to the Word Scramble section!

For each category, there are 5 puzzles, and each puzzle has 7 word scrambles.

You must rearrange the letters of each scramble to get the correct word.

There is a place under each scramble to write your answer.

Spaces and hyphens are in their proper places already.

Word Scramble #1 - Beverages

1) r u u   s d   t i e j f

___

2) s o e   e j   d p m m u

___

3) n v i

___

4) u v o   e n g i r

___

5) é c f a

___

6) r l i   a a n e é e m u

___

7) n i c o t

___

Word Scramble #2 - Beverages

1) é l a   c g é h t

___

2) r c d e i

___

3) i n c t o

___

4) n v i

___

5) o a s d

___

6) m o e a n i d l

___

7) i e r è b

___

Word Scramble #3 - Beverages

1) a a j d a n u s n s

   _____

2) d a s o

   _____

3) u o n g j e r s d a

   _____

4) e a o d j t e m s t u

   _____

5) r i u e f d u s j t

   _____

6) h é t

   _____

7) n t o i c

   _____

Word Scramble #4 - Beverages

1) h é t

_____

2) k o v d a

_____

3) o s m   j t   d t a u e e

_____

4) i n c o t

_____

5) v r i   u o e g n

_____

6) h u l c o h c a   a o d c t

_____

7) è i e r b

_____

Word Scramble #5 - Beverages

1) l h s a k i m e k

   _____

2) t h c o a u a d   o l h c c

   _____

3) é h t

   _____

4) r c d i e

   _____

5) r e b è i

   _____

6) j u m   d o   e p s e m

   _____

7) m e o i d a l n

   _____

Word Scramble #6 - Food

1) o c l h r   t r   c e d b a o a e
   _____

2) a g u â t e
   _____

3) l i i a é s b   u s c t
   _____

4) e b e r r u
   _____

5) v r e n a g i i
   _____

6) f m g a e o r
   _____

7) a o m e r u t d
   _____

Word Scramble #7 - Food

1) o f e u

___

2) s c r u e

___

3) s e l

___

4) p e g d l s e e é m o u u

___

5) r a f g o m e

___

6) e s d a l a

___

7) e ê e m l é c c r g a

___

Word Scramble #8 - Food

1) s i t c u b i

___

2) d u r a o e t m

___

3) o e l v l   u h i i e d

___

4) o e f u

___

5) a n i p

___

6) s b i a t l u   é i s c

___

7) i s s t â e p e r i

___

Word Scramble #9 - Food

1) i e n a i g v r

   _____

2) a s a l d e

   _____

3) m t r e u a d o

   _____

4) ê r g l c   é a e m c e

   _____

5) u s r e c

   _____

6) m d l e u   e é   g o u p s e

   _____

7) l e s

   _____

Word Scramble #10 - Food

1) e r u i r u n t o r

   _____

2) t u g â e a

   _____

3) e g f a r o m

   _____

4) i a n p

   _____

5) r c m é e   a e ê g l c

   _____

6) s i b u c i t

   _____

7) s e i p t r i s e â

   _____

Word Scramble #11 - Fruit

1) c r b t a o i
   _____

2) r e u p n
   _____

3) è u q a e s t p
   _____

4) e i s e r c
   _____

5) t d t e a
   _____

6) i o n x
   _____

7) u l o e p m m e s s p a
   _____

55

Word Scramble #12 - Fruit

1) q t u s è a p e

___

2) m o l e n

___

3) i n r n a d m a e

___

4) a n m a e d

___

5) ê h c p e

___

6) a s n n a a

___

7) i e r o p

___

Word Scramble #13 - Fruit

1) b r o c a t i

2) e m o p m

3) i t r l l y m e

4) t t e a d

5) o p r i e

6) n s c r i a   s i e

7) l m n o e

Word Scramble #14 - Fruit

1) c a i e n r   s s i

   _____

2) a a a s n n

   _____

3) e f u i g

   _____

4) i x o n

   _____

5) s p q e t è a u

   _____

6) b a e n a n

   _____

7) d a e t t

   _____

Word Scramble #15 - Fruit

1) n a e n b a

   _____

2) e m p o m

   _____

3) c t i r n o

   _____

4) r e v o c t   i r t n

   _____

5) r u i f t

   _____

6) d a a e n m

   _____

7) d m a n a i n e r

   _____

Word Scramble #16 - Meat

1) e t i s p r

   _____

2) e ô c t

   _____

3) e c s s i s u a

   _____

4) e l e t t c e t ô

   _____

5) m t u n o o

   _____

6) i f e o

   _____

7) a s l i a m

   _____

Word Scramble #17 - Meat

1) b o m n j a

   _____

2) a i l a m s

   _____

3) b o r i s f

   _____

4) t c ô e

   _____

5) c r p o

   _____

6) n o a b c

   _____

7) c a s s u s i e

   _____

Word Scramble #18 - Meat

1) s s i s e c u a

_____

2) e l t t e ô e t c

_____

3) a i m a s l

_____

4) e g a a n u

_____

5) k t s a e

_____

6) i e t p r s

_____

7) ô t i r

_____

Word Scramble #19 - Meat

1) t c e ô

___

2) a s l i a m

___

3) o e f b u

___

4) l a e g n u

___

5) p t e s i r

___

6) t ô i r

___

7) o b c n a

___

Word Scramble #20 - Meat

1) t e r s i p

___

2) e a n v d i

___

3) e s u i s s a c

___

4) n e i r

___

5) e ô c t

___

6) e u b f o

___

7) t i ô r

___

Word Scramble #21 - Seafood

1) s n p i s o o

___

2) o e l s

___

3) a b r

___

4) a u e m q a r e u

___

5) r p h c e e

___

6) s c a h n o i

___

7) a u l g i e l n

___

Word Scramble #22 - Seafood

1) p r e a c

   _____

2) o l p p e u

   _____

3) h t o n

   _____

4) a s n o m u

   _____

5) e l a i n c c q u   s o q i l   s a s u e j t

   _____

6) e o r s u e n g t

   _____

7) d a l o p r u e r

   _____

Word Scramble #23 - Seafood

1) u q e a e u r m a

   _____

2) e a c r b

   _____

3) u l n i e l a g

   _____

4) s e e t v c r e t

   _____

5) o p p l u e

   _____

6) r d u e t i f e m s r

   _____

7) r c h e p e

   _____

Word Scramble #24 - Seafood

1) s i r e e s c v é

   _____

2) u m l o e

   _____

3) c e p e h r

   _____

4) r o m e u

   _____

5) s e î u t h r

   _____

6) m l r c a a

   _____

7) t c r v e e e t

   _____

Word Scramble #25 - Seafood

1) t e e c v t r e

    _____

2) d a o r m h

    _____

3) u p e l p o

    _____

4) h c a i o n s

    _____

5) u i o r s n

    _____

6) o s e l

    _____

7) a r b

    _____

Word Scramble #26 - Vegetables

1) a u i e e r g b n

   _____

2) s e p o i p   s t t i

   _____

3) p i m o n a c g h n

   _____

4) p i s é d n a r

   _____

5) p e s r i l

   _____

6) u o c h

   _____

7) r p o i e v

   _____

Word Scramble #27 - Vegetables

1) e f u h - u c o r l

   _____

2) r t a h t a c i u

   _____

3) o t a i c s h r

   _____

4) e u t i l a

   _____

5) c e i l é r

   _____

6) n o o g i n

   _____

7) u b a b h e r r

   _____

Word Scramble #28 - Vegetables

1) r i é l c e

_____

2) t r c a i a h u t

_____

3) i p a s r d n é

_____

4) e t t c e o r u s g

_____

5) d e e t o   r m   m p r e e

_____

6) r a u n i g e e b

_____

7) o c h u

_____

Word Scramble #29 - Vegetables

1) h h p c   c s e i o i

    _____

2) u h r a b e r b

    _____

3) l e i u o i c l r t

    _____

4) r c s i o n h c o n

    _____

5) e r p l i s

    _____

6) t r a e t e v b e

    _____

7) l i a

    _____

Word Scramble #30 - Vegetables

1) i p v r e o

   _____

2) b r a t e e v t

   _____

3) r e h r u a b b

   _____

4) t t o e r a c

   _____

5) i n o g o n

   _____

6) a e p r s e g

   _____

7) i r p s l e

   _____

Word Scramble #31 - Restaurant

1) e e a u r s n t t r

___

2) i l i e u r c l è

___

3) e n p a p

___

4) u r e - n n u f m o

___

5) c a r e t

___

6) r r r e s é v e

___

7) h i a e s c

___

Word Scramble #32 - Restaurant

1) b l o à s u o e p

___

2) d i r c r e n e

___

3) r r e e v s r é

___

4) n u e d r e j é

___

5) c e r a t

___

6) e r a c t f u

___

7) f o h e t t u c e r

___

Word Scramble #33 - Restaurant

1) g a e n r m

___

2) d c m r a o m e n

___

3) r a c e t

___

4) n e a t r i r v é s o

___

5) h c a i s e

___

6) d e n é e - j i u p e r t t

___

7) e r v s é e r r

___

Word Scramble #34 - Restaurant

1) e s p r a

_____

2) e r d t e s s

_____

3) e s a t s

_____

4) c a r l   t i i n a p p l p

_____

5) l b e a t

_____

6) u a c t o e u

_____

7) r a e m n g

_____

Word Scramble #35 - Restaurant

1) l c l u r i e è i

   _____

2) e l u l o s c è à   e   p u i r i

   _____

3) r c h e

   _____

4) a s e e r   t i d   v n s c

   _____

5) i a s f é f o s

   _____

6) s a r e l d a i

   _____

7) a e c n m o m r d

   _____

Word Scramble #36 - Shopping

1) s a é h c u r m r e p

   _____

2) r o p o t m i c

   _____

3) a c s

   _____

4) i a s r f

   _____

5) s p o i d

   _____

6) e i e é t q u t t

   _____

7) l i r t a e c

   _____

Word Scramble #37 - Shopping

1) mécrha

___

2) aanimgs

___

3) rtèéage

___

4) cleatri

___

5) snoioprsiv

___

6) ipsod

___

7) rtiel

___

Word Scramble #38 - Shopping

1) r è e g é a t

___

2) o t î b e

___

3) é e t u t i t q e

___

4) p d s o i

___

5) m a i a g s n

___

6) l e r i t

___

7) a e t r i c l

___

Word Scramble #39 - Shopping

1) e l t r i a c

___

2) c p m r o o t i

___

3) c s a

___

4) g e a r m m

___

5) r û m

___

6) u t q e e t é i t

___

7) û t c o

___

Word Scramble #40 - Shopping

1) s a c

_____

2) t r i a o h c

_____

3) c s e u s r o

_____

4) a r e m g m

_____

5) s d p o i

_____

6) g a e é r è t

_____

7) r s p n s v o o i i

_____

Welcome to the Word Quizzes section!

For each category, there are 5 quizzes, and each quiz has 10 questions.

You must choose the best match for the word given.

Word Quiz #1 - Beverages

Choose the best English word to match the French word.

1) bière
   a) pineapple juice
   b) beer
   c) milkshake
   d) soda

2) vodka
   a) lemonade
   b) vodka
   c) soda
   d) red wine

3) jus de tomate
   a) white wine
   b) tomato juice
   c) iced tea
   d) vodka

4) thé glacé
   a) orange juice
   b) iced tea
   c) soda
   d) hot chocolate

5) vin blanc
   a) tea
   b) white wine
   c) fruit juice
   d) milkshake

6) tonic
   a) tonic water
   b) tea
   c) beverage
   d) milkshake

7) cidre
   a) cider
   b) beverage
   c) hot chocolate
   d) mineral water

8) vin rouge
   a) hot chocolate
   b) red wine
   c) vodka
   d) soda

9) vin
   a) milk
   b) wine
   c) soda
   d) hot chocolate

10) limonade
   a) beverage
   b) iced tea
   c) lemonade
   d) milk

Word Quiz #2 - Beverages

Choose the best English word to match the French word.

1) tonic
 a) tonic water
 b) soda
 c) mineral water
 d) beverage

2) jus de pomme
 a) water
 b) apple juice
 c) cider
 d) vodka

3) jus de tomate
 a) orange juice
 b) apple juice
 c) beer
 d) tomato juice

4) milkshake
 a) tea
 b) milkshake
 c) fruit juice
 d) coffee

5) thé
 a) fruit juice
 b) tea
 c) milkshake
 d) pineapple juice

6) bière
 a) lemonade
 b) beer
 c) tea
 d) tomato juice

7) soda
 a) vodka
 b) cider
 c) soda
 d) apple juice

8) café
 a) coffee
 b) lemonade
 c) fruit juice
 d) milk

9) vin rouge
 a) orange juice
 b) wine
 c) red wine
 d) water

10) chocolat chaud
 a) milk
 b) tea
 c) white wine
 d) hot chocolate

Word Quiz #3 - Beverages

Choose the best English word to match the French word.

1) lait
 a) red wine
 b) milkshake
 c) vodka
 d) milk

2) boisson
 a) beverage
 b) beer
 c) iced tea
 d) wine

3) eau
 a) iced tea
 b) lemonade
 c) water
 d) red wine

4) bière
 a) tomato juice
 b) orange juice
 c) pineapple juice
 d) beer

5) cidre
 a) cider
 b) iced tea
 c) water
 d) soda

6) jus de pomme
 a) pineapple juice
 b) apple juice
 c) tomato juice
 d) water

7) milkshake
 a) vodka
 b) iced tea
 c) milkshake
 d) milk

8) jus de tomate
 a) milkshake
 b) vodka
 c) tomato juice
 d) pineapple juice

9) limonade
 a) water
 b) wine
 c) lemonade
 d) vodka

10) thé glacé
 a) pineapple juice
 b) water
 c) red wine
 d) iced tea

Word Quiz #4 - Beverages

Choose the best French word to match the English word.

1) mineral water
a) tonic
b) jus d'orange
c) eau minérale
d) boisson

2) tea
a) cidre
b) thé
c) jus de fruit
d) jus de pomme

3) wine
a) chocolat chaud
b) vin
c) limonade
d) tonic

4) beer
a) milkshake
b) bière
c) vin rouge
d) lait

5) apple juice
a) soda
b) vin blanc
c) eau
d) jus de pomme

6) red wine
a) thé glacé
b) jus d'orange
c) lait
d) vin rouge

7) tomato juice
a) jus de tomate
b) chocolat chaud
c) eau minérale
d) milkshake

8) cider
a) eau
b) cidre
c) thé
d) lait

9) orange juice
a) jus d'orange
b) jus d'ananas
c) vin
d) jus de tomate

10) vodka
a) jus d'orange
b) vin
c) jus de pomme
d) vodka

Word Quiz #5 - Beverages

Choose the best French word to match the English word.

1) vodka
 a) thé
 b) bière
 c) vin blanc
 d) vodka

2) beer
 a) limonade
 b) vin blanc
 c) vin rouge
 d) bière

3) red wine
 a) boisson
 b) tonic
 c) eau
 d) vin rouge

4) cider
 a) eau
 b) milkshake
 c) café
 d) cidre

5) mineral water
 a) jus de tomate
 b) eau minérale
 c) jus d'orange
 d) jus d'ananas

6) milkshake
 a) cidre
 b) café
 c) jus de fruit
 d) milkshake

7) orange juice
 a) thé
 b) vodka
 c) jus de fruit
 d) jus d'orange

8) pineapple juice
 a) jus d'orange
 b) jus d'ananas
 c) cidre
 d) jus de fruit

9) hot chocolate
 a) vodka
 b) chocolat chaud
 c) thé
 d) cidre

10) water
 a) café
 b) vodka
 c) eau
 d) cidre

Word Quiz #6 - Food

Choose the best English word to match the French word.

1) pâtisserie
 a) cookie
 b) salt
 c) pastry
 d) bread

2) gâteau
 a) egg
 b) cake
 c) ice-cream
 d) vegetable soup

3) soupe de légume
 a) sugar
 b) vegetable soup
 c) cheese
 d) salt

4) biscuit
 a) bread
 b) egg
 c) yoghurt
 d) cookie

5) yaourt
 a) yoghurt
 b) cracker
 c) bread
 d) cookie

6) salade
 a) yoghurt
 b) salad
 c) vegetable soup
 d) salt

7) barre de chocolat
 a) egg
 b) salad
 c) chocolate bar
 d) cake

8) huile d'olive
 a) olive oil
 b) cake
 c) mustard
 d) pastry

9) sucre
 a) pastry
 b) sugar
 c) ice-cream
 d) egg

10) sel
 a) cracker
 b) salt
 c) food
 d) cheese

Word Quiz #7 - Food

Choose the best English word to match the French word.

1) salade
 a) ice-cream
 b) salad
 c) cracker
 d) cheese

2) sucre
 a) cake
 b) pastry
 c) sugar
 d) cookie

3) moutarde
 a) sugar
 b) vegetable soup
 c) food
 d) mustard

4) nourriture
 a) salad
 b) ice-cream
 c) olive oil
 d) food

5) crême glacée
 a) ice-cream
 b) bread
 c) salad
 d) vegetable soup

6) sel
 a) cracker
 b) egg
 c) cheese
 d) salt

7) barre de chocolat
 a) food
 b) sugar
 c) cheese
 d) chocolate bar

8) biscuit
 a) cracker
 b) food
 c) cookie
 d) salt

9) soupe de légume
 a) vegetable soup
 b) bread
 c) yoghurt
 d) olive oil

10) huile d'olive
 a) egg
 b) cookie
 c) olive oil
 d) vegetable soup

Word Quiz #8 - Food

Choose the best English word to match the French word.

1) yaourt
   a) bread
   b) yoghurt
   c) food
   d) salad

2) fromage
   a) salt
   b) cake
   c) cheese
   d) butter

3) gâteau
   a) bread
   b) cookie
   c) salt
   d) cake

4) huile d'olive
   a) olive oil
   b) cracker
   c) sugar
   d) ice-cream

5) soupe de légume
   a) vegetable soup
   b) yoghurt
   c) salad
   d) food

6) biscuit
   a) cracker
   b) cookie
   c) butter
   d) mustard

7) moutarde
   a) mustard
   b) olive oil
   c) egg
   d) food

8) crême glacée
   a) bread
   b) ice-cream
   c) cookie
   d) chocolate bar

9) vinaigre
   a) butter
   b) ice-cream
   c) vinegar
   d) salt

10) sucre
   a) yoghurt
   b) vinegar
   c) sugar
   d) butter

Word Quiz #9 - Food

Choose the best French word to match the English word.

1) mustard
   a) moutarde
   b) gâteau
   c) fromage
   d) barre de chocolat

2) food
   a) nourriture
   b) sucre
   c) oeuf
   d) fromage

3) ice-cream
   a) crême glacée
   b) pain
   c) pâtisserie
   d) moutarde

4) cracker
   a) sel
   b) biscuit salé
   c) pain
   d) fromage

5) butter
   a) gâteau
   b) pain
   c) beurre
   d) fromage

6) bread
   a) crême glacée
   b) sucre
   c) vinaigre
   d) pain

7) pastry
   a) pain
   b) moutarde
   c) pâtisserie
   d) crême glacée

8) yoghurt
   a) biscuit
   b) fromage
   c) nourriture
   d) yaourt

9) olive oil
   a) barre de chocolat
   b) huile d'olive
   c) beurre
   d) pâtisserie

10) vinegar
   a) biscuit
   b) nourriture
   c) pâtisserie
   d) vinaigre

Word Quiz #10 - Food

Choose the best French word to match the English word.

1) cheese
 a) barre de chocolat
 b) vinaigre
 c) nourriture
 d) fromage

2) cracker
 a) biscuit salé
 b) vinaigre
 c) huile d'olive
 d) sucre

3) pastry
 a) yaourt
 b) nourriture
 c) pâtisserie
 d) sel

4) food
 a) moutarde
 b) vinaigre
 c) salade
 d) nourriture

5) olive oil
 a) huile d'olive
 b) pâtisserie
 c) gâteau
 d) beurre

6) cake
 a) pâtisserie
 b) gâteau
 c) nourriture
 d) sucre

7) salt
 a) nourriture
 b) soupe de légume
 c) sel
 d) pain

8) salad
 a) salade
 b) moutarde
 c) biscuit
 d) oeuf

9) vegetable soup
 a) crême glacée
 b) soupe de légume
 c) pain
 d) sucre

10) ice-cream
 a) nourriture
 b) fromage
 c) sel
 d) crême glacée

Word Quiz #11 - Fruit

Choose the best English word to match the French word.

1) poire
 a) prune
 b) plum
 c) chestnut
 d) pear

2) pomme
 a) apple
 b) raspberry
 c) blackberry
 d) orange

3) raisin sec
 a) raisin
 b) walnut
 c) coconut
 d) tangerine

4) banane
 a) apple
 b) fig
 c) tangerine
 d) banana

5) mandarine
 a) prune
 b) banana
 c) raisin
 d) tangerine

6) ananas
 a) plum
 b) watermelon
 c) grapefruit
 d) pineapple

7) citron
 a) walnut
 b) banana
 c) lemon
 d) lime

8) fraise
 a) raspberry
 b) watermelon
 c) strawberry
 d) plum

9) citron vert
 a) orange
 b) date
 c) apricot
 d) lime

10) pastèque
 a) grapefruit
 b) watermelon
 c) plum
 d) raspberry

Word Quiz #12 - Fruit

Choose the best English word to match the French word.

1) figue
 a) fig
 b) grapefruit
 c) apricot
 d) blackberry

2) cacahuète
 a) lemon
 b) peanut
 c) pear
 d) pineapple

3) raisin
 a) peanut
 b) apricot
 c) blackberry
 d) grape

4) châtaigne
 a) chestnut
 b) strawberry
 c) cherry
 d) plum

5) pastèque
 a) blueberry
 b) watermelon
 c) pear
 d) strawberry

6) citron vert
 a) lime
 b) raisin
 c) grape
 d) fruit

7) fruit
 a) lemon
 b) lime
 c) fruit
 d) grapefruit

8) myrtille
 a) melon
 b) chestnut
 c) pineapple
 d) blueberry

9) pruneau
 a) coconut
 b) walnut
 c) tangerine
 d) prune

10) noisette
 a) pineapple
 b) hazelnut
 c) chestnut
 d) tangerine

Word Quiz #13 - Fruit

Choose the best English word to match the French word.

1) châtaigne
   a) hazelnut
   b) chestnut
   c) orange
   d) plum

2) melon
   a) melon
   b) lemon
   c) pineapple
   d) cherry

3) banane
   a) prune
   b) raspberry
   c) banana
   d) orange

4) pêche
   a) walnut
   b) fig
   c) apricot
   d) peach

5) datte
   a) strawberry
   b) melon
   c) chestnut
   d) date

6) orange
   a) orange
   b) coconut
   c) melon
   d) strawberry

7) mûre
   a) hazelnut
   b) chestnut
   c) date
   d) blackberry

8) poire
   a) fruit
   b) pear
   c) raspberry
   d) almond

9) noix
   a) raisin
   b) lemon
   c) walnut
   d) fruit

10) fraise
   a) banana
   b) strawberry
   c) lime
   d) tangerine

Word Quiz #14 - Fruit

Choose the best French word to match the English word.

1) coconut
 a) citron
 b) noix
 c) pêche
 d) noix de coco

2) banana
 a) datte
 b) banane
 c) melon
 d) myrtille

3) cherry
 a) cerise
 b) fraise
 c) framboise
 d) prune

4) walnut
 a) noix de coco
 b) datte
 c) noix
 d) myrtille

5) grape
 a) noix de coco
 b) framboise
 c) raisin
 d) citron vert

6) strawberry
 a) pêche
 b) noisette
 c) mandarine
 d) fraise

7) chestnut
 a) châtaigne
 b) melon
 c) pomme
 d) prune

8) plum
 a) citron vert
 b) cerise
 c) prune
 d) figue

9) apricot
 a) abricot
 b) cerise
 c) mûre
 d) raisin sec

10) almond
 a) noix de coco
 b) pastèque
 c) raisin
 d) amande

Word Quiz #15 - Fruit

Choose the best French word to match the English word.

1) peanut
a) cacahuète
b) châtaigne
c) pastèque
d) noisette

2) orange
a) pêche
b) pastèque
c) orange
d) abricot

3) grape
a) raisin
b) poire
c) cerise
d) datte

4) fruit
a) fruit
b) cacahuète
c) abricot
d) citron vert

5) grapefruit
a) pamplemousse
b) fraise
c) raisin sec
d) figue

6) cherry
a) cerise
b) fruit
c) pomme
d) ananas

7) apple
a) mûre
b) pomme
c) châtaigne
d) cerise

8) chestnut
a) melon
b) citron vert
c) noisette
d) châtaigne

9) peach
a) pastèque
b) melon
c) banane
d) pêche

10) lime
a) citron vert
b) poire
c) noisette
d) amande

Word Quiz #16 - Meat

Choose the best English word to match the French word.

1) saucisse de Francfort
 a) loin
 b) rib roast
 c) roast
 d) frankfurter

2) viande
 a) salami
 b) pork
 c) lamb
 d) meat

3) veau
 a) kidney
 b) mutton
 c) veal
 d) pork

4) mouton
 a) frankfurter
 b) mutton
 c) lamb
 d) salami

5) jambon
 a) tripe
 b) mutton
 c) rib roast
 d) ham

6) tripes
 a) lamb
 b) veal
 c) loin
 d) tripe

7) steak
 a) bacon
 b) steak
 c) frankfurter
 d) roast beef

8) rôti
 a) bacon
 b) meat
 c) roast
 d) tripe

9) agneau
 a) lamb
 b) salami
 c) liver
 d) roast beef

10) porc
 a) bacon
 b) pork
 c) loin
 d) rib roast

Word Quiz #17 - Meat

Choose the best English word to match the French word.

1) rein
 a) kidney
 b) salami
 c) roast
 d) tongue

2) steak
 a) steak
 b) frankfurter
 c) meatballs
 d) ham

3) rôti
 a) steak
 b) roast
 c) tongue
 d) roast beef

4) boulettes de viande
 a) lamb
 b) steak
 c) meatballs
 d) tripe

5) côtelette
 a) meatballs
 b) ham
 c) cutlet
 d) bacon

6) mouton
 a) mutton
 b) loin
 c) roast
 d) roast beef

7) jambon
 a) ham
 b) loin
 c) tripe
 d) bacon

8) bacon
 a) salami
 b) bacon
 c) lamb
 d) meatballs

9) foie
 a) liver
 b) salami
 c) steak
 d) frankfurter

10) viande
 a) ham
 b) bacon
 c) meat
 d) veal

Word Quiz #18 - Meat

Choose the best English word to match the French word.

1) tripes
   a) kidney
   b) tongue
   c) mutton
   d) tripe

2) langue
   a) tongue
   b) tripe
   c) kidney
   d) cutlet

3) saucisse
   a) steak
   b) meatballs
   c) sausage
   d) liver

4) rein
   a) tongue
   b) bacon
   c) kidney
   d) frankfurter

5) côtelette
   a) cutlet
   b) tongue
   c) veal
   d) roast

6) veau
   a) rib roast
   b) salami
   c) liver
   d) veal

7) salami
   a) frankfurter
   b) salami
   c) liver
   d) lamb

8) côte
   a) steak
   b) sausage
   c) rib roast
   d) frankfurter

9) bacon
   a) tripe
   b) bacon
   c) tongue
   d) liver

10) boulettes de viande
   a) meatballs
   b) kidney
   c) veal
   d) loin

Word Quiz #19 - Meat

Choose the best French word to match the English word.

1) ham
 a) jambon
 b) mouton
 c) bacon
 d) rosbif

2) steak
 a) langue
 b) rosbif
 c) porc
 d) steak

3) liver
 a) filet
 b) rein
 c) foie
 d) bacon

4) roast
 a) filet
 b) rôti
 c) tripes
 d) langue

5) meatballs
 a) boulettes de viande
 b) viande
 c) saucisse
 d) jambon

6) beef
 a) langue
 b) boeuf
 c) steak
 d) viande

7) pork
 a) porc
 b) rein
 c) tripes
 d) foie

8) lamb
 a) filet
 b) boeuf
 c) rein
 d) agneau

9) frankfurter
 a) rosbif
 b) mouton
 c) boeuf
 d) saucisse de Francfort

10) roast beef
 a) veau
 b) mouton
 c) rosbif
 d) boulettes de viande

Word Quiz #20 - Meat

Choose the best French word to match the English word.

1) loin
 a) boulettes de viande
 b) foie
 c) viande
 d) filet

2) rib roast
 a) côte
 b) tripes
 c) salami
 d) foie

3) cutlet
 a) côtelette
 b) boeuf
 c) saucisse de Francfort
 d) rein

4) tripe
 a) mouton
 b) tripes
 c) agneau
 d) steak

5) meatballs
 a) côtelette
 b) porc
 c) rein
 d) boulettes de viande

6) meat
 a) tripes
 b) steak
 c) viande
 d) veau

7) bacon
 a) boulettes de viande
 b) bacon
 c) filet
 d) langue

8) tongue
 a) côte
 b) langue
 c) foie
 d) veau

9) beef
 a) saucisse
 b) porc
 c) boeuf
 d) rôti

10) roast beef
 a) rein
 b) tripes
 c) mouton
 d) rosbif

Word Quiz #21 - Seafood

Choose the best English word to match the French word.

1) bar
 a) bass
 b) herring
 c) eel
 d) cod

2) sole
 a) perch
 b) tuna
 c) squid
 d) sole

3) sardine
 a) plaice
 b) mackerel
 c) sardine
 d) octopus

4) coquilles Saint Jacques
 a) squid
 b) fish
 c) scallops
 d) mackerel

5) truite
 a) fish
 b) mussels
 c) plaice
 d) trout

6) morue
 a) plaice
 b) herring
 c) tuna
 d) cod

7) espadon
 a) salmon
 b) squid
 c) sturgeon
 d) swordfish

8) moule
 a) seafood
 b) mussels
 c) clam
 d) cod

9) maquereau
 a) mackerel
 b) prawns
 c) herring
 d) plaice

10) homard
 a) prawns
 b) mussels
 c) lobster
 d) tuna

Word Quiz #22 - Seafood

Choose the best English word to match the French word.

1) calmar
 a) squid
 b) fish
 c) tuna
 d) carp

2) morue
 a) tuna
 b) cod
 c) shrimp
 d) trout

3) hareng
 a) sole
 b) fish
 c) sardine
 d) herring

4) truite
 a) swordfish
 b) trout
 c) mussels
 d) squid

5) perche
 a) herring
 b) perch
 c) seafood
 d) squid

6) moule
 a) shrimp
 b) clam
 c) mussels
 d) scallops

7) crevette
 a) shrimp
 b) perch
 c) crab
 d) anchovies

8) espadon
 a) swordfish
 b) oysters
 c) salmon
 d) scallops

9) poisson
 a) oysters
 b) fish
 c) eel
 d) crab

10) huîtres
 a) salmon
 b) perch
 c) mussels
 d) oysters

Word Quiz #23 - Seafood

Choose the best English word to match the French word.

1) morue
a) crayfish
b) oysters
c) tuna
d) cod

2) oursin
a) seafood
b) sea urchin
c) tuna
d) prawns

3) parlourde
a) clam
b) squid
c) scallops
d) plaice

4) hareng
a) herring
b) anchovies
c) perch
d) carp

5) anchois
a) sturgeon
b) carp
c) seafood
d) anchovies

6) esturgeon
a) swordfish
b) fish
c) sturgeon
d) crayfish

7) espadon
a) seafood
b) sea urchin
c) mackerel
d) swordfish

8) bar
a) bass
b) scallops
c) fish
d) plaice

9) maquereau
a) fish
b) crayfish
c) mackerel
d) trout

10) truite
a) squid
b) trout
c) lobster
d) sea urchin

Word Quiz #24 - Seafood

Choose the best French word to match the English word.

1) octopus
 a) sole
 b) poulpe
 c) crevette
 d) maquereau

2) salmon
 a) écrevisse
 b) saumon
 c) sole
 d) crevette

3) scallops
 a) sole
 b) anchois
 c) hareng
 d) coquilles Saint Jacques

4) sole
 a) sardine
 b) sole
 c) oursin
 d) hareng

5) tuna
 a) espadon
 b) anguille
 c) homard
 d) thon

6) carp
 a) coquilles Saint Jacques
 b) carpe
 c) espadon
 d) huîtres

7) clam
 a) saumon
 b) parlourde
 c) coquilles Saint Jacques
 d) bar

8) shrimp
 a) écrevisse
 b) sardine
 c) thon
 d) crevette

9) sardine
 a) calmar
 b) esturgeon
 c) huîtres
 d) sardine

10) mussels
 a) sole
 b) thon
 c) moule
 d) poulpe

Word Quiz #25 - Seafood

Choose the best French word to match the English word.

1) trout
   a) esturgeon
   b) oursin
   c) truite
   d) coquilles Saint Jacques

2) fish
   a) anguille
   b) crevette
   c) poisson
   d) saumon

3) sardine
   a) fruits de mer
   b) hareng
   c) anguille
   d) sardine

4) squid
   a) hareng
   b) calmar
   c) coquilles Saint Jacques
   d) morue

5) oysters
   a) esturgeon
   b) poisson
   c) morue
   d) huîtres

6) crayfish
   a) écrevisse
   b) huîtres
   c) anguille
   d) poulpe

7) sea urchin
   a) anguille
   b) oursin
   c) truite
   d) perche

8) prawns
   a) calmar
   b) saumon
   c) sardine
   d) crevettes

9) herring
   a) moule
   b) hareng
   c) thon
   d) anchois

10) tuna
   a) carpe
   b) anguille
   c) morue
   d) thon

Word Quiz #26 - Vegetables

Choose the best English word to match the French word.

1) betterave
  a) tomato
  b) beet
  c) vegetable
  d) broccoli

2) radis
  a) fennel
  b) artichoke
  c) radish
  d) pumpkin

3) citrouille
  a) corn
  b) cucumber
  c) pumpkin
  d) onion

4) artichaut
  a) artichoke
  b) zucchini
  c) pumpkin
  d) vegetable

5) haricots
  a) beans
  b) celery
  c) lettuce
  d) gherkins

6) carotte
  a) vegetable
  b) carrot
  c) zucchini
  d) aubergine

7) chou
  a) cabbage
  b) asparagus
  c) corn
  d) fennel

8) tomate
  a) radish
  b) parsley
  c) garlic
  d) tomato

9) maïs
  a) chickpeas
  b) corn
  c) cucumber
  d) lettuce

10) petits pois
  a) peas
  b) celery
  c) pepper
  d) fennel

Word Quiz #27 - Vegetables

Choose the best English word to match the French word.

1) épinards
 a) parsley
 b) lettuce
 c) spinach
 d) vegetable

2) rhubarbe
 a) rhubarb
 b) vegetable
 c) artichoke
 d) corn

3) oignon
 a) parsley
 b) cucumber
 c) corn
 d) onion

4) maïs
 a) garlic
 b) peas
 c) corn
 d) pumpkin

5) haricots
 a) tomato
 b) peas
 c) beans
 d) potato

6) artichaut
 a) corn
 b) cucumber
 c) broccoli
 d) artichoke

7) ail
 a) garlic
 b) tomato
 c) vegetable
 d) onion

8) laitue
 a) corn
 b) parsley
 c) lettuce
 d) fennel

9) asperge
 a) rhubarb
 b) parsley
 c) asparagus
 d) artichoke

10) champignon
 a) radish
 b) mushroom
 c) artichoke
 d) zucchini

Word Quiz #28 - Vegetables
Choose the best English word to match the French word.

1) épinards
 a) spinach
 b) potato
 c) beans
 d) carrot

2) radis
 a) corn
 b) cucumber
 c) radish
 d) fennel

3) brocoli
 a) asparagus
 b) broccoli
 c) corn
 d) aubergine

4) pois chiche
 a) cucumber
 b) celery
 c) chickpeas
 d) tomato

5) artichaut
 a) artichoke
 b) corn
 c) pumpkin
 d) spinach

6) petits pois
 a) potato
 b) peas
 c) cauliflower
 d) artichoke

7) ail
 a) broccoli
 b) pepper
 c) onion
 d) garlic

8) légume
 a) mushroom
 b) vegetable
 c) pumpkin
 d) radish

9) courgettes
 a) cucumber
 b) radish
 c) zucchini
 d) cauliflower

10) carotte
 a) garlic
 b) cabbage
 c) carrot
 d) gherkins

Word Quiz #29 - Vegetables

Choose the best French word to match the English word.

1) gherkins
 a) oignon
 b) cornichons
 c) pois chiche
 d) pomme de terre

2) cauliflower
 a) légume
 b) chou-fleur
 c) aubergine
 d) brocoli

3) rhubarb
 a) champignon
 b) rhubarbe
 c) cornichons
 d) asperge

4) chickpeas
 a) laitue
 b) radis
 c) céleri
 d) pois chiche

5) carrot
 a) carotte
 b) pois chiche
 c) petits pois
 d) champignon

6) pepper
 a) artichaut
 b) fenouil
 c) oignon
 d) poivre

7) vegetable
 a) brocoli
 b) légume
 c) betterave
 d) artichaut

8) tomato
 a) tomate
 b) chou
 c) céleri
 d) carotte

9) asparagus
 a) aubergine
 b) brocoli
 c) asperge
 d) rhubarbe

10) aubergine
 a) oignon
 b) courgettes
 c) cornichons
 d) aubergine

Word Quiz #30 - Vegetables

Choose the best French word to match the English word.

1) rhubarb
  a) céleri
  b) rhubarbe
  c) cornichons
  d) laitue

2) radish
  a) radis
  b) rhubarbe
  c) poivre
  d) haricots

3) aubergine
  a) laitue
  b) persil
  c) aubergine
  d) chou-fleur

4) spinach
  a) carotte
  b) pois chiche
  c) ail
  d) épinards

5) pumpkin
  a) tomate
  b) citrouille
  c) légume
  d) carotte

6) onion
  a) oignon
  b) pomme de terre
  c) champignon
  d) épinards

7) zucchini
  a) radis
  b) courgettes
  c) petits pois
  d) artichaut

8) broccoli
  a) pois chiche
  b) brocoli
  c) poivre
  d) asperge

9) corn
  a) chou
  b) maïs
  c) cornichons
  d) pois chiche

10) cucumber
  a) persil
  b) concombre
  c) épinards
  d) tomate

Word Quiz #31 - Restaurant

Choose the best English word to match the French word.

1) carte des vins
   a) cheap
   b) chair
   c) wine list
   d) smoking

2) couteau
   a) non-smoking
   b) knife
   c) spoon
   d) soup spoon

3) repas
   a) price
   b) meal
   c) waitress
   d) dish

4) petit-déjeuner
   a) breakfast
   b) to order
   c) bill
   d) booking

5) verre
   a) thirsty
   b) to reserve
   c) glass
   d) waiter

6) commander
   a) soup bowl
   b) to order
   c) dessert
   d) thirsty

7) restaurent
   a) spoon
   b) to eat
   c) bowl
   d) restaurant

8) boire
   a) smoking
   b) to drink
   c) hungry
   d) expensive

9) fumeur
   a) main course
   b) smoking
   c) to drink
   d) price

10) nappe
   a) tablecloth
   b) waitress
   c) cup
   d) soup bowl

Word Quiz #32 - Restaurant

Choose the best English word to match the French word.

1) verre
 a) fork
 b) breakfast
 c) glass
 d) dinner

2) réserver
 a) to reserve
 b) restaurant
 c) chair
 d) non-smoking

3) serveuse
 a) dinner
 b) smoking
 c) table
 d) waitress

4) plat principal
 a) booking
 b) cheap
 c) main course
 d) to drink

5) cendrier
 a) ashtray
 b) lunch
 c) non-smoking
 d) to reserve

6) serviette
 a) napkin
 b) wine list
 c) dish
 d) chair

7) table
 a) table
 b) cheap
 c) meal
 d) knife

8) dessert
 a) to reserve
 b) cheap
 c) dessert
 d) dinner

9) assoiffé
 a) smoking
 b) thirsty
 c) dish
 d) price

10) commander
 a) to order
 b) salad fork
 c) hungry
 d) price

Word Quiz #33 - Restaurant

Choose the best English word to match the French word.

1) fourchette à salade
 a) waitress
 b) bowl
 c) menu
 d) salad fork

2) saladier
 a) salad bowl
 b) bowl
 c) dish
 d) salad fork

3) serviette
 a) napkin
 b) soup spoon
 c) breakfast
 d) lunch

4) fourchette
 a) fork
 b) dish
 c) to order
 d) thirsty

5) cendrier
 a) table
 b) ashtray
 c) bill
 d) dinner

6) boire
 a) to drink
 b) spoon
 c) thirsty
 d) cheap

7) dîner
 a) dinner
 b) thirsty
 c) to order
 d) cup

8) fumeur
 a) smoking
 b) tablecloth
 c) dinner
 d) bowl

9) plat
 a) dish
 b) salad bowl
 c) chair
 d) smoking

10) prix
 a) price
 b) hungry
 c) to eat
 d) bill

Word Quiz #34 - Restaurant

Choose the best French word to match the English word.

1) menu
 a) carte
 b) carte des vins
 c) non-fumeur
 d) assoiffé

2) cheap
 a) fourchette à salade
 b) bon marché
 c) facture
 d) dîner

3) knife
 a) couteau
 b) table
 c) boire
 d) cuillière à soupe

4) soup bowl
 a) réservation
 b) boire
 c) bol à soupe
 d) serveuse

5) main course
 a) plat principal
 b) fourchette à salade
 c) table
 d) fumeur

6) glass
 a) verre
 b) facture
 c) plat principal
 d) cuillière à soupe

7) waitress
 a) non-fumeur
 b) saladier
 c) petit-déjeuner
 d) serveuse

8) to eat
 a) prix
 b) repas
 c) tasse
 d) manger

9) napkin
 a) serviette
 b) carte des vins
 c) fourchette à salade
 d) dîner

10) waiter
 a) serveur
 b) saladier
 c) bon marché
 d) commander

Word Quiz #35 - Restaurant

Choose the best French word to match the English word.

1) to order
a) manger
b) commander
c) assoiffé
d) chaise

2) tablecloth
a) bon marché
b) assoiffé
c) non-fumeur
d) nappe

3) knife
a) déjeuner
b) repas
c) couteau
d) prix

4) soup spoon
a) commander
b) cuillière à soupe
c) serviette
d) carte

5) restaurant
a) restaurent
b) boire
c) carte
d) serveur

6) lunch
a) facture
b) déjeuner
c) assoiffé
d) plat

7) booking
a) restaurent
b) boire
c) assoiffé
d) réservation

8) menu
a) carte
b) cendrier
c) table
d) assoiffé

9) thirsty
a) plat principal
b) prix
c) assoiffé
d) serveuse

10) bowl
a) bol
b) cuillière
c) nappe
d) réserver

Word Quiz #36 - Shopping

Choose the best English word to match the French word.

1) panier
 a) cashier
 b) bin
 c) market
 d) checkout

2) caisse
 a) cashier
 b) label
 c) shopping
 d) checkout

3) provisions
 a) label
 b) litre
 c) groceries
 d) shop

4) boîte
 a) label
 b) sale
 c) trolley
 d) box

5) caissier
 a) cashier
 b) sale
 c) litre
 d) trolley

6) vente
 a) fresh
 b) weight
 c) bag
 d) sale

7) courses
 a) shopping
 b) litre
 c) label
 d) trolley

8) gramme
 a) label
 b) checkout
 c) gram
 d) bag

9) marché
 a) cost
 b) market
 c) shop
 d) weight

10) coût
 a) cost
 b) label
 c) bin
 d) counter

Word Quiz #37 - Shopping

Choose the best English word to match the French word.

1) provisions
a) groceries
b) bin
c) kilogram
d) fresh

2) mûr
a) market
b) box
c) kilogram
d) ripe

3) vente
a) bag
b) cashier
c) sale
d) box

4) caisse
a) supermarket
b) cost
c) fresh
d) checkout

5) litre
a) shopping
b) bag
c) box
d) litre

6) chariot
a) trolley
b) checkout
c) sale
d) bin

7) boîte
a) shelf
b) box
c) shopping
d) supermarket

8) gramme
a) ripe
b) gram
c) counter
d) sale

9) caissier
a) cashier
b) ripe
c) item
d) litre

10) supermarché
a) weight
b) supermarket
c) market
d) item

Word Quiz #38 - Shopping

Choose the best English word to match the French word.

1) gramme
   a) shelf
   b) gram
   c) ripe
   d) bag

2) mûr
   a) bag
   b) shop
   c) ripe
   d) item

3) étiquette
   a) cashier
   b) label
   c) trolley
   d) litre

4) chariot
   a) box
   b) bin
   c) counter
   d) trolley

5) provisions
   a) groceries
   b) cost
   c) gram
   d) shelf

6) sac
   a) groceries
   b) gram
   c) supermarket
   d) bag

7) comptoir
   a) shopping
   b) counter
   c) cost
   d) trolley

8) vente
   a) box
   b) cashier
   c) sale
   d) checkout

9) litre
   a) groceries
   b) market
   c) litre
   d) checkout

10) caisse
   a) kilogram
   b) checkout
   c) litre
   d) shop

Word Quiz #39 - Shopping

Choose the best French word to match the English word.

1) litre
 a) magasin
 b) boîte
 c) litre
 d) kilogramme

2) shopping
 a) magasin
 b) sac
 c) courses
 d) étiquette

3) counter
 a) comptoir
 b) gramme
 c) article
 d) étagère

4) shelf
 a) magasin
 b) courses
 c) étagère
 d) supermarché

5) trolley
 a) frais
 b) caissier
 c) chariot
 d) sac

6) ripe
 a) mûr
 b) caisse
 c) article
 d) étagère

7) fresh
 a) mûr
 b) étiquette
 c) provisions
 d) frais

8) box
 a) boîte
 b) vente
 c) supermarché
 d) caissier

9) gram
 a) article
 b) gramme
 c) caissier
 d) étiquette

10) item
 a) provisions
 b) vente
 c) étiquette
 d) article

Word Quiz #40 - Shopping

Choose the best French word to match the English word.

1) sale
 a) caisse
 b) sac
 c) vente
 d) kilogramme

2) bin
 a) sac
 b) mûr
 c) panier
 d) marché

3) supermarket
 a) supermarché
 b) courses
 c) chariot
 d) mûr

4) box
 a) frais
 b) caisse
 c) supermarché
 d) boîte

5) fresh
 a) magasin
 b) chariot
 c) article
 d) frais

6) cost
 a) magasin
 b) boîte
 c) frais
 d) coût

7) ripe
 a) mûr
 b) sac
 c) marché
 d) litre

8) groceries
 a) provisions
 b) caissier
 c) frais
 d) supermarché

9) litre
 a) litre
 b) courses
 c) mûr
 d) chariot

10) kilogram
 a) caisse
 b) kilogramme
 c) article
 d) mûr

Welcome to the hints and solutions section!

Here you can find the solutions to the word search puzzles, hints and solutions for the word scrambles, and answers to the quizzes.

Word Search Solution #1

r	j	u	s	d	e	p	o	m	m	e	l	l	p	o	s	i
e	e	i	c	i	t	h	é	g	l	a	c	é	u	v	c	e
s	a	o	v	o	d	k	a	d	l	n	n	i	i	é	i	k
k	u	c	f	n	o	s	s	i	o	b	e	o	c	h	n	a
j	u	s	d	a	n	a	n	a	s	c	c	r	g	d	o	h
p	s	d	s	v	t	s	é	e	m	b	h	a	è	o	t	s
u	j	u	s	d	e	t	o	m	a	t	e	k	f	i	r	k
n	a	t	i	u	r	f	e	d	s	u	j	é	j	é	b	l
n	u	è	c	s	j	u	s	d	o	r	a	n	g	e	è	i
c	n	a	l	b	n	i	v	c	i	c	v	p	r	e	e	m

Word Search Solution #2

e	l	a	r	é	n	i	m	u	a	e	è	g	e	c	t	l
a	v	k	é	m	i	l	k	s	h	a	k	e	g	l	é	j
v	d	i	é	m	c	n	a	l	b	n	i	v	u	g	f	è
s	l	o	v	h	t	h	é	g	l	a	c	é	o	d	s	d
u	i	e	s	i	t	p	j	o	e	n	f	u	r	d	s	i
c	i	n	o	t	n	e	è	s	m	p	c	h	n	d	é	p
l	e	t	a	m	o	t	e	d	s	u	j	a	i	f	u	c
v	e	g	n	a	r	o	d	s	u	j	m	j	v	a	e	g
e	d	a	n	o	m	i	l	g	b	j	l	a	e	c	r	b
t	u	j	u	s	d	a	n	a	n	a	s	t	r	h	k	l

Word Search Solution #3

r	f	p	m	p	f	**c**	**i**	**d**	**r**	**e**	i	m	o	f	**c**	v
o	é	j	**t**	**i**	**u**	**r**	**f**	**e**	**d**	**s**	**u**	**j**	c	c	**i**	b
l	a	**s**	**a**	**n**	**a**	**n**	**a**	**d**	**s**	**u**	**j**	a	d	p	**n**	r
t	**h**	**é**	**g**	**l**	**a**	**c**	**é**	k	è	g	t	h	è	n	**o**	r
o	**e**	**g**	**n**	**a**	**r**	**o**	**d**	**s**	**u**	**j**	b	m	o	t	**t**	o
m	v	i	è	s	r	e	u	c	**n**	**o**	**s**	**s**	**i**	**o**	**b**	b
l	**a**	**i**	**t**	è	n	n	**j**	**u**	**s**	**d**	**e**	**p**	**o**	**m**	**m**	**e**
l	v	u	**v**	**i**	**n**	**b**	**l**	**a**	**n**	**c**	h	o	t	t	c	n
e	**d**	**a**	**n**	**o**	**m**	**i**	**l**	o	f	r	**e**	**r**	**è**	**i**	**b**	v
m	**é**	**f**	**a**	**c**	e	**e**	**l**	**a**	**r**	**é**	**n**	**i**	**m**	**u**	**a**	**e**

Word Search Solution #4

v	**i**	**n**	**b**	**l**	**a**	**n**	**c**	o	b	h	j	é	j	i	c	o
j	t	c	l	e	m	f	n	**e**	**k**	**a**	**h**	**s**	**k**	**l**	**i**	**m**
e	k	r	**e**	**l**	**a**	**r**	**é**	**n**	**i**	**m**	**u**	**a**	**e**	l	c	s
g	**d**	**a**	**k**	**d**	**o**	**v**	k	j	**n**	**i**	**v**	o	s	n	o	f
u	h	**a**	**o**	**j**	**u**	**s**	**d**	**e**	**f**	**r**	**u**	**i**	**t**	s	r	h
i	**l**	**s**	**n**	**e**	**t**	**a**	**m**	**o**	**t**	**e**	**d**	**s**	**u**	**j**	v	n
v	c	**a**	f	o	**l**	**s**	**a**	**n**	**a**	**n**	**a**	**d**	**s**	**u**	**j**	k
t	**o**	**n**	**i**	**c**	**m**	**e**	**m**	**m**	**o**	**p**	**e**	**d**	**s**	**u**	**j**	a
t	t	i	è	**t**	k	**i**	t	l	**v**	**i**	**n**	**r**	**o**	**u**	**g**	**e**
a	h	é	b	p	e	è	**l**	b	m	k	e	v	f	n	é	j

Word Search Solution #5

```
u  k  é  b  v  o  e  k  a  h  s  k  l  i  m  f  s
j  u  s  d  e  t  o  m  a  t  e  t  o  n  i  c  a
è  d  u  a  h  c  t  a  l  o  c  o  h  c  b  t  v
b  t  i  e  d  e  a  u  m  i  n  é  r  a  l  e  h
b  b  p  j  u  s  d  a  n  a  n  a  s  r  d  c  é
t  i  u  r  f  e  d  s  u  j  b  h  r  è  i  d  g
l  c  t  e  f  c  n  a  l  b  n  i  v  d  f  è  l
e  t  i  t  o  v  h  f  o  i  b  o  r  d  f  r  t
k  h  a  b  o  i  s  s  o  n  b  e  s  a  d  o  s
i  é  l  è  b  h  r  i  f  k  k  è  k  d  e  g  k
```

Word Search Solution #6

```
r  e  g  c  â  s  é  â  l  f  o  y  o  â  c  m  ê
p  â  t  i  s  s  e  r  i  e  u  ê  p  m  o  m  h
t  b  v  g  e  d  r  d  y  o  s  e  o  p  a  i  n
i  l  i  e  a  r  l  â  c  e  s  a  o  c  y  o  f
u  â  n  l  o  l  e  s  y  a  o  u  r  t  l  a  b
c  v  a  h  u  i  l  e  d  o  l  i  v  e  n  u  e
s  s  i  m  v  m  n  o  u  r  r  i  t  u  r  e  u
i  u  g  é  l  a  s  t  i  u  c  s  i  b  l  h  r
b  m  r  c  r  ê  m  e  g  l  a  c  é  e  v  ê  r
e  o  e  r  s  o  u  p  e  d  e  l  é  g  u  m  e
```

Word Search Solution #7

```
o  n  i  é  g  e  v  i  l  o  d  e  l  i  u  h  e
i  y  a  o  u  r  t  l  p  y  r  e  i  i  l  h  d
t  é  l  a  s  t  i  u  c  s  i  b  r  p  t  h  a
t  t  a  l  o  c  o  h  c  e  d  e  r  r  a  b  l
o  m  o  u  t  a  r  d  e  o  e  u  f  y  u  t  a
é  u  a  e  t  â  g  f  m  i  b  t  d  b  r  e  s
a  c  d  n  m  n  o  u  r  r  i  t  u  r  e  v  b
b  c  i  r  c  r  ê  m  e  g  l  a  c  é  e  i  s
o  a  l  â  y  i  g  d  f  m  é  e  p  y  e  e  g
p  s  o  u  p  e  d  e  l  é  g  u  m  e  l  y  s
```

Word Search Solution #8

```
h  u  s  o  u  p  e  d  e  l  é  g  u  m  e  c  n
e  i  r  e  s  s  i  t  â  p  h  p  a  i  n  s  u
â  ê  s  p  a  i  f  u  s  t  a  a  a  r  y  c  s
b  d  r  l  h  r  y  d  u  g  b  e  u  r  r  e  d
g  y  a  h  o  h  h  u  i  l  e  d  o  l  i  v  e
p  d  a  m  é  g  â  t  e  a  u  p  â  d  s  e  l
e  r  a  l  é  l  a  s  t  i  u  c  s  i  b  p  m
s  g  e  é  c  a  l  g  e  m  ê  r  c  b  u  n  d
e  c  ê  h  c  a  h  e  r  c  u  s  n  o  s  a  l
t  i  u  c  s  i  b  â  ê  t  r  u  o  a  y  h  â
```

Word Search Solution #9

r	a	u	s	h	â	l	l	y	d	é	é	m	é	g	f	**g**
y	t	y	é	t	**b**	**i**	**s**	**c**	**u**	**i**	**t**	**s**	**a**	**l**	**é**	**â**
a	s	f	e	**f**	**r**	**o**	**m**	**a**	**g**	**e**	s	d	é	m	o	**t**
o	u	u	**e**	**é**	**c**	**a**	**l**	**g**	**e**	**m**	**ê**	**r**	**c**	o	i	**e**
u	**v**	**i**	**n**	**a**	**i**	**g**	**r**	**e**	**r**	**r**	**u**	**e**	**b**	u	p	**a**
r	d	v	t	c	**p**	**â**	**t**	**i**	**s**	**s**	**e**	**r**	**i**	**e**	r	**u**
t	**m**	**o**	**u**	**t**	**a**	**r**	**d**	**e**	ê	**f**	**u**	**e**	**o**	p	a	o
e	o	n	**s**	**o**	**u**	**p**	**e**	**d**	**e**	**l**	**é**	**g**	**u**	**m**	**e**	r
y	o	l	p	h	v	u	n	é	h	**s**	**a**	**l**	**a**	**d**	**e**	v
v	**p**	**a**	**i**	**n**	ê	r	f	c	h	e	p	r	**s**	**e**	**l**	o

Word Search Solution #10

é	**l**	**a**	**s**	**t**	**i**	**u**	**c**	**s**	**i**	**b**	f	f	**p**	**a**	**i**	**n**
p	**â**	**t**	**i**	**s**	**s**	**e**	**r**	**i**	**e**	ê	**y**	**a**	**o**	**u**	**r**	**t**
e	**m**	**u**	**g**	**é**	**l**	**e**	**d**	**e**	**p**	**u**	**o**	**s**	n	u	u	c
l	d	**b**	**a**	**r**	**r**	**e**	**d**	**e**	**c**	**h**	**o**	**c**	**o**	**l**	**a**	**t**
c	**s**	**e**	r	r	n	**f**	**r**	**o**	**m**	**a**	**g**	**e**	g	i	d	d
g	**a**	**u**	n	s	v	**f**	**g**	**â**	**t**	**e**	**a**	**u**	h	r	**s**	ê
o	**l**	**r**	é	**r**	**u**	h	e	d	o	n	g	e	r	ê	**e**	a
c	**a**	**r**	u	**e**	s	v	h	â	f	d	s	v	i	h	**l**	t
v	**d**	**e**	**o**	l	f	f	m	t	**e**	**r**	**g**	**i**	**a**	**n**	**i**	**v**
o	**e**	b	g	b	v	**c**	**r**	**ê**	**m**	**e**	**g**	**l**	**a**	**c**	**é**	**e**

Word Search Solution #11

i	y	c	s	â	û	e	**m**	**û**	**r**	**e**	c	r	x	**e**	n	s
a	ê	**e**	l	a	è	b	y	**e**	**s**	**i**	**r**	**e**	**c**	**t**	**c**	û
p	i	**n**	**m**	**a**	**n**	**d**	**a**	**r**	**i**	**n**	**e**	i	v	**è**	**i**	a
r	s	**g**	**n**	**o**	**i**	**s**	**e**	**t**	**t**	**e**	û	o	p	**u**	**t**	û
u	d	**i**	è	x	â	o	**p**	**r**	**u**	**n**	**e**	**a**	**u**	**h**	r	r
n	x	**a**	d	**t**	**r**	**e**	**v**	**n**	**o**	**r**	**t**	**i**	**c**	a	o	a
e	**i**	**t**	t	l	û	n	r	**l**	û	g	ê	q	n	**c**	**n**	i
n	**o**	**â**	a	n	r	l	**e**	n	l	d	t	ê	n	**a**	q	**s**
d	**n**	**h**	h	i	è	**m**	y	h	v	r	v	q	s	**c**	q	**i**
û	o	**c**	a	q	v	u	**e**	**m**	**m**	**o**	**p**	f	è	e	y	**n**

Word Search Solution #12

o	b	**m**	**y**	**r**	**t**	**i**	**l**	**l**	**e**	è	l	f	â	c	y	m
e	**c**	o	**e**	**t**	**t**	**e**	**s**	**i**	**o**	**n**	s	y	a	x	h	n
û	**d**	**o**	e	e	**p**	**a**	**m**	**p**	**l**	**e**	**m**	**o**	**u**	**s**	**s**	**e**
v	a	**n**	**c**	è	**e**	ê	**f**	**o**	**r**	**a**	**n**	**g**	**e**	i	x	**n**
e	o	**t**	**a**	e	t	s	d	**i**	**e**	**h**	**c**	**ê**	**p**	l	c	**u**
x	b	l	**i**	**m**	**d**	y	i	è	**g**	**n**	p	n	ê	t	n	**r**
â	h	l	l	**u**	**a**	**x**	i	**r**	**i**	**u**	**a**	e	ê	v	ê	**p**
f	i	c	u	b	**r**	b	**i**	u	**e**	û	**e**	**n**	d	y	t	d
e	**r**	**i**	**o**	**p**	i	**f**	e	**o**	y	**c**	u	m	**a**	m	è	x
t	d	q	**e**	**r**	**û**	**m**	h	â	**n**	r	d	p	g	**b**	n	y

Word Search Solution #13

è	p	h	u	è	**b**	**a**	**n**	**a**	**n**	**e**	h	v	q	d	u	**n**
p	**r**	o	o	i	**e**	**n**	**g**	**i**	**a**	**t**	**â**	**h**	**c**	d	d	**o**
m	**a**	v	**i**	u	c	u	g	**a**	u	c	â	h	b	o	m	**l**
x	**i**	m	**a**	r	x	l	**m**	g	**r**	**a**	**n**	**a**	**n**	**a**	**s**	**e**
c	**s**	h	e	â	**e**	**a**	b	e	è	i	e	c	è	t	â	**m**
u	**i**	e	a	p	**n**	o	**n**	**a**	**b**	**r**	**i**	**c**	**o**	**t**	â	m
t	**n**	**m**	y	d	g	u	m	a	a	û	**n**	**i**	**s**	**i**	**a**	**r**
r	**s**	**m**	**e**	d	**r**	**o**	**c**	**o**	**c**	**e**	**d**	**x**	**i**	**o**	**n**	s
u	**e**	**o**	x	**p**	ê	t	**e**	**u**	**q**	**è**	**t**	**s**	**a**	**p**	o	d
f	**c**	**p**	t	v	**c**	**i**	**t**	**r**	**o**	**n**	**v**	**e**	**r**	**t**	c	b

Word Search Solution #14

m	h	t	a	è	è	**e**	**n**	**i**	**r**	**a**	**d**	**n**	**a**	**m**	**p**	i
e	c	**e**	**u**	**q**	**è**	**t**	**s**	**a**	**p**	û	m	p	v	d	**o**	v
b	i	**a**	**n**	**a**	**n**	**a**	**s**	h	**e**	**u**	**g**	**i**	**f**	ê	**m**	a
l	**x**	b	e	c	**n**	**o**	**i**	**x**	**d**	**e**	**c**	**o**	**c**	**o**	**m**	b
r	**i**	t	m	û	h	q	**p**	**r**	**u**	**n**	**e**	**a**	**u**	b	**e**	r
u	**o**	ê	è	m	**c**	**a**	**c**	**a**	**h**	**u**	**è**	**t**	**e**	p	u	**i**
d	**n**	a	a	â	e	x	**f**	**r**	**a**	**m**	**b**	**o**	**i**	**s**	**e**	**c**
f	l	o	**n**	**o**	**r**	**t**	**i**	**c**	m	e	c	o	r	v	â	**o**
n	**o**	**i**	**s**	**e**	**t**	**t**	**e**	f	p	f	c	â	q	q	ê	**t**
p	h	y	r	**c**	**e**	**s**	**n**	**i**	**s**	**i**	**a**	**r**	m	è	x	l

Word Search Solution #15

f	ê	o	c	o	c	e	d	x	i	o	n	s	h	d	q	m
e	n	g	i	a	t	â	h	c	o	p	x	u	c	y	u	e
c	i	â	è	ê	r	x	n	m	n	f	o	s	i	m	c	l
i	ê	û	e	i	i	e	p	è	â	i	e	m	m	y	e	o
t	f	p	c	o	b	ê	g	i	d	g	s	h	m	c	a	n
r	r	c	n	n	è	m	d	n	p	u	e	i	q	e	m	
o	u	l	q	d	t	û	t	m	a	e	â	û	a	e	â	n
n	i	s	m	t	i	b	û	l	û	r	c	l	p	r	y	a
v	t	t	o	c	i	r	b	a	i	r	o	v	s	a	i	è
v	t	r	e	v	n	o	r	t	i	c	e	t	t	a	d	q

Word Search Solution #16

s	l	a	n	g	u	e	g	b	g	f	g	c	p	t	v	a
e	e	s	c	b	a	c	o	n	s	u	ô	n	n	ô	b	u
p	d	n	t	f	i	l	e	t	r	t	d	o	j	e	d	s
i	n	n	n	e	f	a	u	t	e	i	g	c	v	a	a	p
r	a	a	o	r	a	k	d	l	k	u	c	l	s	u	r	b
t	i	ô	b	t	k	k	e	l	a	a	d	a	c	f	j	m
a	v	t	m	f	u	t	d	e	m	s	l	i	l	u	i	e
r	l	d	a	u	t	o	v	i	m	a	s	l	l	e	p	k
p	d	t	j	e	g	t	m	f	m	s	j	t	r	o	s	f
d	a	e	i	ô	r	f	i	e	u	f	n	o	b	u	g	

Word Search Solution #17

u	a	e	n	g	a	c	ô	t	e	j	g	n	v	o	g	l
b	o	u	l	e	t	t	e	s	d	e	v	i	a	n	d	e
l	g	c	k	j	i	d	m	e	o	b	l	n	k	u	g	b
k	i	j	m	m	k	b	ô	b	d	m	v	t	t	d	a	o
a	e	n	a	i	d	m	a	a	f	n	i	u	e	f	u	e
e	r	l	n	n	ô	a	v	c	s	o	a	t	l	l	c	u
t	a	u	a	e	v	c	l	l	o	v	i	i	g	i	i	f
s	t	o	a	d	r	a	g	b	t	n	f	e	v	f	k	f
v	t	b	j	o	m	p	j	p	u	m	o	u	t	o	n	m
a	j	m	p	m	v	o	j	j	g	i	t	ô	r	u	d	d

Word Search Solution #18

f	u	e	o	b	u	a	d	v	s	v	n	g	n	f	ô	c
m	p	o	b	n	u	ô	u	u	u	u	i	j	c	i	ô	e
d	j	a	m	b	o	n	ô	a	m	k	j	a	k	t	m	ô
u	r	s	k	e	t	i	b	e	o	n	e	u	e	g	m	r
l	a	n	g	u	e	a	n	n	u	v	i	a	n	d	e	s
p	p	u	n	a	c	b	d	g	t	r	u	a	e	v	f	a
c	r	o	p	o	g	v	f	a	o	i	l	k	r	o	i	l
g	i	d	n	o	e	v	d	v	n	t	g	c	i	f	k	a
u	j	e	s	s	i	c	u	a	s	d	t	e	i	e	g	m
ô	f	f	i	b	s	o	r	t	j	f	l	k	u	l	g	i

Word Search Solution #19

t	b	**s**	**e**	**p**	**i**	**r**	**t**	c	d	ô	b	m	c	c	m	b
d	a	s	f	**m**	**o**	**u**	**t**	**o**	**n**	b	**c**	n	**i**	**t**	**ô**	**r**
g	j	k	ô	ô	e	v	t	s	**i**	**ô**	**s**	**t**	**e**	**a**	**k**	p
i	ô	v	o	f	j	m	a	k	**t**	**m**	f	**v**	**e**	**a**	**u**	v
r	r	g	s	ô	s	e	k	**e**	u	d	**a**	j	j	u	**l**	c
b	m	k	g	u	r	**v**	**i**	**a**	**n**	**d**	**e**	**l**	p	o	**a**	s
n	u	b	**c**	**r**	**o**	**p**	b	l	n	a	**n**	**e**	**a**	c	**n**	j
e	**t**	**t**	**e**	**l**	**e**	**t**	**ô**	**c**	i	t	**i**	**i**	c	**s**	**g**	p
u	s	c	b	ô	f	ô	j	v	j	v	**e**	**o**	i	**i**	**u**	v
s	**u**	**a**	**e**	**n**	**g**	**a**	k	f	r	m	**r**	**f**	s	u	**e**	k

Word Search Solution #20

p	k	j	**b**	**a**	**c**	**o**	**n**	l	f	d	**u**	**a**	**e**	**n**	**g**	**a**
t	**r**	**i**	**p**	**e**	**s**	o	k	b	ô	g	i	t	j	ô	c	b
u	m	j	**s**	**a**	**u**	**c**	**i**	**s**	**s**	**e**	n	r	t	g	o	n
a	i	t	o	d	**v**	**i**	**a**	**n**	**d**	**e**	**j**	**a**	**m**	**b**	**o**	**n**
f	f	m	**r**	**e**	**i**	**n**	p	p	a	n	o	c	l	j	i	j
d	a	i	i	r	**i**	**m**	**a**	**l**	**a**	**s**	f	ô	u	b	b	r
n	o	s	ô	**f**	g	p	r	u	s	**r**	**o**	**s**	**b**	**i**	**f**	j
m	**o**	**u**	**t**	**o**	**n**	k	u	**c**	**r**	**o**	**p**	**f**	**u**	**e**	**o**	**b**
s	n	c	p	**i**	s	a	i	g	k	u	i	**c**	**ô**	**t**	**e**	g
r	e	n	k	**e**	m	l	n	r	d	t	o	f	p	o	t	p

Word Search Solution #21

c	j	s	l	t	**é**	**c**	**r**	**e**	**v**	**i**	**s**	**s**	**e**	b	h	b
n	**î**	**r**	**e**	**m**	**e**	**d**	**s**	**t**	**i**	**u**	**r**	**f**	f	**a**	î	g
a	**o**	o	c	d	**e**	**b**	**a**	**r**	**c**	u	u	h	d	**n**	l	c
l	**h**	**h**	e	a	**c**	**r**	**e**	**v**	**e**	**t**	**t**	**e**	o	**g**	t	i
h	**a**	**î**	**t**	e	d	l	j	i	c	f	î	p	v	**u**	g	l
v	**r**	c	q	l	**e**	**s**	**t**	**u**	**r**	**g**	**e**	**o**	**n**	**i**	c	r
c	**e**	e	h	**u**	**a**	**e**	**r**	**e**	**u**	**q**	**a**	**m**	n	**l**	j	s
j	**n**	q	v	p	**p**	**a**	**r**	**l**	**o**	**u**	**r**	**d**	**e**	**l**	o	c
t	**g**	**n**	**o**	**m**	**u**	**a**	**s**	a	**t**	**r**	**u**	**i**	**t**	**e**	d	l
f	u	v	**e**	**i**	**l**	**p**	v	m	a	**a**	**n**	**c**	**h**	**o**	**i**	**s**

Word Search Solution #22

p	t	**a**	**d**	**r**	**a**	**m**	**o**	**h**	î	n	u	**e**	o	e	f	s
f	h	**n**	h	**r**	**a**	**b**	r	l	b	b	**h**	f	h	c	d	o
l	b	**g**	**t**	e	p	h	o	u	j	**c**	**e**	**p**	**l**	**u**	**o**	**p**
r	o	**u**	**s**	**h**	q	q	r	u	**r**	t	i	g	m	t	t	c
f	e	**i**	i	u	**o**	a	**s**	**e**	**r**	**t**	**î**	**u**	**h**	f	j	m
c	**e**	**l**	**u**	**o**	**m**	**n**	**p**	j	g	**h**	**a**	**r**	**e**	**n**	**g**	v
p	b	**l**	**n**	**o**	**d**	**a**	**p**	**s**	**e**	b	f	b	c	l	e	r
é	q	**e**	o	r	î	d	**c**	**r**	**a**	**b**	**e**	q	s	n	i	d
r	a	v	b	**s**	**s**	**e**	**t**	**t**	**e**	**v**	**e**	**r**	**c**	r	t	v
d	j	r	m	î	j	l	**e**	**t**	**t**	**e**	**v**	**e**	**r**	**c**	i	h

Word Search Solution #23

u	i	o	d	r	q	**u**	**a**	**e**	**r**	**e**	**u**	**q**	**a**	**m**	u	o
p	**e**	**l**	**u**	**o**	**m**	o	p	j	f	**e**	**h**	**c**	**r**	**e**	**p**	e
r	**e**	**n**	**i**	**d**	**r**	**a**	**s**	**a**	**n**	**c**	**h**	**o**	**i**	**s**	f	a
s	g	n	**n**	**o**	**d**	**a**	**p**	**s**	**e**	**e**	**l**	**o**	**s**	m	u	b
h	o	v	p	f	t	b	c	a	**e**	**p**	**r**	**a**	**c**	o	e	q
l	u	o	v	u	t	h	b	s	o	**n**	**o**	**s**	**s**	**i**	**o**	**p**
f	j	u	h	g	q	**e**	**t**	**i**	**u**	**r**	**t**	v	v	g	î	f
s	j	c	a	r	**d**	**r**	**a**	**m**	**o**	**h**	r	p	l	**b**	b	b
e	**f**	**r**	**u**	**i**	**t**	**s**	**d**	**e**	**m**	**e**	**r**	t	o	m	**a**	n
r	n	s	**s**	**e**	**t**	**t**	**e**	**v**	**e**	**r**	**c**	q	p	v	m	**r**

Word Search Solution #24

c	d	d	é	h	i	e	m	t	**r**	j	d	b	h	**s**	d	m
r	**a**	**m**	**o**	**r**	**u**	**e**	p	**a**	j	i	b	v	n	**e**	c	é
s	**a**	**r**	**d**	**i**	**n**	**e**	**b**	d	i	r	d	d	q	**t**	î	a
f	f	s	**p**	o	t	q	î	**o**	**u**	**r**	**s**	**i**	**n**	**t**	u	o
e	s	q	g	**e**	j	r	d	**e**	**s**	**t**	**u**	**r**	**g**	**e**	**o**	**n**
l	m	b	é	j	o	**h**	**u**	**î**	**t**	**r**	**e**	**s**	c	**v**	r	f
u	î	v	e	o	l	p	f	**i**	l	r	î	v	t	**e**	r	d
o	**a**	**n**	**c**	**h**	**o**	**i**	**s**	é	t	p	s	i	é	**r**	i	a
m	**u**	**h**	**a**	**r**	**e**	**n**	**g**	e	é	**e**	q	i	é	**c**	s	s
p	**o**	**u**	**l**	**p**	**e**	l	î	h	**h**	**o**	**m**	**a**	**r**	**d**	m	r

Word Search Solution #25

s	i	é	o	î	e	m	i	î	f	o	g	p	c	a	a	g
e	l	c	a	i	s	i	d	r	a	m	o	h	l	u	î	g
t	f	r	u	i	t	s	d	e	m	e	r	m	s	q	j	c
t	n	e	l	i	u	n	t	p	a	r	l	o	u	r	d	e
e	o	v	s	e	r	t	î	u	h	u	é	t	u	s	o	a
v	d	i	e	q	g	j	r	i	s	p	a	é	v	a	p	h
e	a	s	p	v	e	r	g	a	h	m	l	a	h	u	d	v
r	p	s	r	m	o	p	u	u	b	u	d	i	s	m	v	j
c	s	e	a	s	n	m	o	u	l	e	t	u	e	o	h	q
o	e	b	c	p	p	o	u	l	p	e	s	j	s	n	i	g

Word Search Solution #26

l	n	h	r	h	n	o	n	g	i	p	m	a	h	c	f	i
v	b	é	g	n	v	s	g	n	e	p	p	e	n	l	v	b
e	m	u	g	é	l	h	t	p	o	g	h	m	é	i	r	h
c	c	b	s	n	é	g	a	o	p	n	r	t	e	a	t	v
m	b	t	p	e	r	s	i	l	c	o	g	e	a	s	f	
v	e	n	i	g	r	e	b	u	a	i	i	i	p	n	i	m
l	e	c	h	o	u	f	l	e	u	r	r	v	o	s	d	t
a	e	l	a	i	t	u	e	a	g	p	n	a	r	d	a	l
é	b	r	h	u	b	a	r	b	e	u	u	d	h	e	r	f
d	a	e	h	c	i	h	c	s	i	o	p	c	i	a	n	d

Word Search Solution #27

ï	ï	m	u	a	h	h	m	**r**	**u**	**e**	**l**	**f**	**u**	**o**	**h**	**c**
b	**n**	**o**	**n**	**g**	**i**	**p**	**m**	**a**	**h**	**c**	g	b	c	t	d	r
r	n	**b**	**e**	**t**	**t**	**e**	**r**	**a**	**v**	**e**	i	a	u	d	l	é
o	ï	**e**	**r**	**r**	**e**	**t**	**e**	**d**	**e**	**m**	**m**	**o**	**p**	f	c	g
c	f	s	p	s	**p**	**e**	**t**	**i**	**t**	**s**	**p**	**o**	**i**	**s**	i	n
o	**c**	**o**	**u**	**r**	**g**	**e**	**t**	**t**	**e**	**s**	a	u	g	ï	m	i
l	b	**c**	**é**	**l**	**e**	**r**	**i**	c	**e**	**m**	**u**	**g**	**é**	**l**	o	p
i	c	i	e	h	t	d	**r**	**h**	**u**	**b**	**a**	**r**	**b**	**e**	é	ï
v	d	u	ï	**p**	**e**	**r**	**s**	**i**	**l**	**r**	**a**	**d**	**i**	**s**	i	o
s	**t**	**o**	**c**	**i**	**r**	**a**	**h**	**c**	**a**	**r**	**o**	**t**	**t**	**e**	h	u

Word Search Solution #28

o	g	f	e	**b**	**e**	**t**	**t**	**e**	**r**	**a**	**v**	**e**	f	f	d	o
m	u	a	b	é	t	**l**	**p**	**e**	**t**	**i**	**t**	**s**	**p**	**o**	**i**	**s**
d	é	u	a	o	i	**i**	g	o	é	b	h	**u**	**s**	d	u	f
h	c	**r**	**h**	**u**	**b**	**a**	**r**	**b**	**e**	s	i	**d**	**o**	é	s	o
t	t	**n**	**o**	**n**	**g**	**i**	**o**	l	s	i	**r**	s	a	**h**	p	g
t	**u**	**a**	**h**	**c**	**i**	**t**	**r**	**a**	i	**a**	v	s	d	h	**c**	h
e	**n**	**i**	**g**	**r**	**e**	**b**	**u**	**a**	**n**	m	ï	o	**s**	**ï**	**a**	**m**
s	g	v	l	**n**	**o**	**n**	**g**	**i**	**p**	**m**	**a**	**h**	**c**	g	m	a
v	**e**	**r**	**v**	**i**	**o**	**p**	**p**	p	t	d	**l**	**a**	**i**	**t**	**u**	**e**
a	m	f	p	u	l	**é**	**f**	**e**	**n**	**o**	**u**	**i**	**l**	c	e	h

Word Search Solution #29

g	v	é	f	u	l	a	h	**a**	**i**	**l**	**n**	**o**	**n**	**g**	**i**	**o**
c	e	v	i	ï	l	i		**r**	**u**	**e**	**l**	**f**	**u**	**o**	**h**	**c**	f
a	**p**	**o**	**i**	**v**	**r**	**e**	c	**l**	**é**	**g**	**u**	**m**	**e**	r	r	t
i	ï	**a**	**u**	**b**	**e**	**r**	**g**	**i**	**n**	**e**	l	c	a	a	p	o
e	h	**e**	**r**	**b**	**m**	**o**	**c**	**n**	**o**	**c**	f	u	d	v	p
s	**t**	**é**	f	**p**	**o**	**m**	**m**	**e**	**d**	**e**	**t**	**e**	**r**	**r**	**e**	c
r	d	**a**	**l**	**f**	**e**	**n**	**o**	**u**	**i**	**l**	m	a	t	r	a	**h**
g	u	c	**m**	**e**	r	d	é	d	**e**	**u**	**t**	**i**	**a**	**l**	a	**o**
h	i	p	l	**o**	**r**	p	r	a	i	i	d	r	é	a	r	**u**
i	g	r	v	ï	**t**	**i**	v	d	**i**	**l**	**o**	**c**	**o**	**r**	**b**	r

Word Search Solution #30

f	a	s	**c**	**h**	**o**	**u**	**f**	**l**	**e**	**u**	**r**	s	d	u	é	**e**
a	f	d	i	i	é	**e**	**t**	**t**	**o**	**r**	**a**	**c**	**o**	s	t	**l**
a	t	d	h	s	é	i	f	v	n	ï	ï	**h**	h	r	l	**l**
v	b	m	f	**p**	**e**	**r**	**s**	**i**	**l**	r	c	**c**	n	**m**	ï	g	**i**
n	**i**	**r**	**e**	**l**	**é**	**c**	h	**a**	**i**	**l**	f	c	**a**	u	s	**u**
o	n	**e**	**h**	**c**	**i**	**h**	**c**	**s**	**i**	**o**	**p**	l	ï	v	n	**o**
n	é	l	p	**c**	**o**	**u**	**r**	**g**	**e**	**t**	**t**	**e**	**s**	c	h	**r**
g	f	o	f	b	m	**e**	**r**	**v**	**i**	**o**	**p**	v	s	n	c	**t**
i	é	i	a	e	n	n	**s**	**t**	**o**	**c**	**i**	**r**	**a**	**h**	v	**i**
o	a	f	h	ï	**c**	**o**	**r**	**n**	**i**	**c**	**h**	**o**	**n**	**s**	g	**c**

Word Search Solution #31

r	î	**e**	u	x	a	**s**	**e**	**r**	**v**	**e**	**u**	**s**	**e**	è	s	i
n	**r**	**t**	**t**	n	**c**	**a**	**r**	**t**	**e**	**d**	**e**	**s**	**v**	**i**	**n**	**s**
o	**e**	**t**	**a**	l	**p**	**r**	**i**	**x**	t	j	**e**	s	i	a	h	c
n	**v**	**e**	**s**	g	l	t	n	p	r	**r**	**e**	**g**	**n**	**a**	**m**	**f**
f	**r**	**h**	**s**	l	**d**	**î**	**n**	**e**	**r**	v	é	h	î	j	x	**a**
u	**e**	**c**	**e**	h	b	b	f	g	o	c	l	m	g	**r**	à	**c**
m	**s**	**r**	e	m	h	g	f	d	o	m	u	i	**e**	a	t	**t**
e	**é**	**u**	i	b	r	m	f	à	d	f	c	**h**	f	a	h	**u**
u	**r**	**o**	c	**r**	**e**	**p**	**a**	**s**	m	p	**c**	o	î	t	r	**r**
r	**é**	**f**	**f**	**i**	**o**	**s**	**s**	**a**	c	t	i	p	g	u	x	**e**

Word Search Solution #32

r	**e**	**n**	**u**	**e**	**j**	**é**	**d**	**t**	**i**	**t**	**e**	**p**	g	n	j	m
l	t	e	i	b	à	c	**b**	**é**	**h**	**c**	**r**	**a**	**m**	**n**	**o**	**b**
i	**e**	t	**u**	**a**	**e**	**t**	**u**	**o**	**c**	n	d	f	o	f	i	à
j	**s**	**e**	**r**	**u**	**t**	**c**	**a**	**f**	**l**	j	**n**	**a**	**p**	**p**	**e**	l
n	**s**	v	è	l	f	é	é	h	b	d	p	r	d	e	x	s
d	**a**	è	v	**l**	**a**	**p**	**i**	**c**	**n**	**i**	**r**	**p**	**t**	**a**	**l**	**p**
v	**t**	è	t	a	p	l	m	g	è	**c**	**a**	**r**	**t**	**e**	j	j
c	**u**	**i**	**l**	**l**	**i**	**è**	**r**	**e**	e	**s**	**a**	**p**	**e**	**r**	s	m
m	**s**	**n**	**i**	**v**	**s**	**e**	**d**	**e**	**t**	**r**	**a**	**c**	à	e	o	o
p	**t**	**a**	**b**	**l**	**e**	d	m	**r**	**e**	**i**	**r**	**d**	**n**	**e**	**c**	l

Word Search Solution #33

b	é	é	i	**c**	**a**	**r**	**t**	**e**	**d**	**e**	**s**	**v**	**i**	**n**	**s**	**é**
c	c	x	é	à	**r**	i	i	c	è	**r**	j	è	**r**	t	m	**f**
t	**h**	x	j	**e**	**p**	**r**	à	**e**	d	**e**	**n**	**e**	**u**	é	r	**f**
x	b	**e**	**p**	d	**r**	**e**	t	**r**	g	**v**	**a**	**r**	**e**	**e**	b	**i**
o	h	**a**	**r**	i	**i**	**g**	l	**i**	é	**r**	**p**	**u**	**m**	**t**	o	**o**
d	**s**	x	o	x	**x**	**n**	î	**o**	b	**e**	**p**	**t**	**u**	**r**	**i**	**s**
g	g	m	h	u	n	**a**	**g**	**b**	à	**s**	**e**	**c**	**f**	**a**	**s**	**s**
r	e	s	p	g	r	**m**	î	m	o	**é**	r	**a**	à	**c**	s	**a**
î	e	e	à	m	**e**	**s**	**s**	**a**	**t**	**r**	x	**f**	a	t	**o**	v
x	j	è	v	r	x	s	n	s	c	n	j	p	à	l	**n**	h

Word Search Solution #34

m	c	**d**	**e**	**s**	**s**	**e**	**r**	**t**	d	b	l	à	**é**	u	**s**	î
c	è	g	m	**r**	**e**	**n**	**u**	**e**	**j**	**é**	**d**	g	**h**	o	**e**	x
o	a	o	o	**x**	u	r	b	f	c	u	v	i	**c**	v	**r**	o
m	b	**e**	**i**	l	e	**n**	**o**	**s**	**s**	**i**	**o**	**b**	**r**	à	**v**	a
m	c	**r**	**c**	**o**	**u**	**t**	**e**	**a**	**u**	**e**	**l**	**b**	**a**	**t**	**e**	p
a	**p**	**u**	o	**t**	**a**	**s**	**s**	**e**	r	é	b	t	**m**	**u**	**u**	v
n	v	**t**	**c**	**a**	**r**	**t**	**e**	**d**	**e**	**s**	**v**	**i**	**n**	**s**	**r**	s
d	v	**c**	j	b	**e**	**r**	**r**	**e**	**v**	n	f	a	**o**	p	g	é
e	b	**a**	n	d	a	e	l	x	e	b	u	n	**b**	i	l	o
r	u	**f**	t	**r**	**e**	**n**	**u**	**e**	**j**	**é**	**d**	**t**	**i**	**t**	**e**	**p**

Word Search Solution #35

```
c r x c a r t e d e s v i n s s b
s u f o u r c h e t t e v e r a c
a l x j b o i s s o n n p c i o f
p m r e d n a m m o c t e p u g u
e î è j m a n g e r l s d t x t m
r é h c r a m n o b s r e a i t e
î h u v c p c s n a o a h è n m u
r v r s o t o u t j u p x h p i r
o d î o p r e i d a l a s è s a b
e r u t c a f c h a i s e b m f n
```

Word Search Solution #36

```
o t é c è d é p v a e m m a r g h
m è h s a c p l û a p e s o r n h
r é a h û a i î s e s r u o c e è
h è r q n t î c a i s s i e r û n
é è h i r o û é t a g è r e è è i
e s e e l c i t r a r r g c h û s
s r m h l h k b r u è c o û t d a
c o m p t o i r é h c r a m v n g
û k v d q f f e c h a r i o t k a
f g d m n m b o î t e û p a k v m
```

Word Search Solution #37

o	s	**t**	**o**	**i**	**r**	**a**	**h**	**c**	b	e	**p**	h	û	m	a	i
m	t	r	e	**t**	é	**i**	p	p	t	f	**a**	l	k	n	î	
r	v	t	u	**û**	î	r	**o**	**e**	n	o	**l**	q	**n**	t	b	h
q	î	c	é	**o**	s	a	s	**t**	g	**a**	g	**i**	f	**i**	**e**	f
s	f	d	û	**c**	s	é	**r**	**î**	**p**	b	**r**	t	**t**	**m**	**e**	o
d	è	t	c	a	g	s	**û**	**o**	m	**m**	é	**t**	**m**	r	v	**r**
i	o	o	h	p	g	v	**m**	b	r	q	**o**	**a**	**i**	h	**e**	è
o	b	e	**c**	**o**	**u**	**r**	**s**	**e**	**s**	i	r	**c**	é	**c**	q	o
p	û	f	e	p	q	n	**e**	**r**	**è**	**g**	**a**	**t**	**é**	o	**l**	h
i	**e**	**s**	**s**	**i**	**a**	**c**	i	v	**v**	**e**	**n**	**t**	**e**	v	l	**e**

Word Search Solution #38

h	k	î	k	**c**	**o**	**m**	**p**	**t**	**o**	**i**	**r**	q	g	**é**	q	m
r	î	m	i	k	a	**c**	**h**	**a**	**r**	**i**	**o**	**t**	p	**t**	è	é
e	**r**	**è**	**g**	**a**	**t**	**é**	n	a	a	d	q	k	**f**	**i**	p	u
l	é	e	e	u	**r**	**e**	**i**	**s**	**s**	**i**	**a**	**c**	r	q	**c**	u
t	**b**	**o**	**î**	**t**	**e**	c	v	l	c	s	i	v	**a**	**u**	**o**	u
p	**c**	m	b	l	o	s	i	h	h	n	i	q	**i**	**e**	**u**	u
o	o	q	r	è	t	**g**	**r**	**a**	**m**	**m**	**e**	d	**s**	t	r	c
i	**û**	s	**e**	**r**	**t**	**i**	**l**	**é**	**h**	**c**	**r**	**a**	**m**	**t**	**s**	û
d	**t**	m	e	û	b	a	û	k	b	l	h	è	g	**e**	**e**	n
s	r	û	o	f	k	é	p	t	e	r	**s**	**a**	**c**	o	**s**	d

Word Search Solution #39

d	h	s	u	p	e	r	m	a	r	c	h	é	b	a	d	è
î	g	e	r	t	i	l	i	n	û	l	i	r	û	s	è	v
é	t	a	g	è	r	e	e	t	n	e	v	e	p	u	h	p
e	m	m	a	r	g	o	l	i	k	û	é	i	u	v	r	n
î	b	o	c	f	i	c	b	h	c	a	s	s	t	û	o	c
e	è	é	g	r	e	i	n	a	p	é	f	s	n	t	v	r
î	è	n	i	s	a	g	a	m	n	r	r	i	è	b	û	t
h	n	o	g	r	a	m	m	e	g	t	a	a	a	m	î	f
f	é	t	i	q	u	e	t	t	e	k	i	c	l	f	è	l
i	h	l	é	s	l	î	p	l	r	î	s	p	v	a	é	o

Word Search Solution #40

m	d	n	p	n	p	p	r	o	v	i	s	i	o	n	s	f
q	c	e	t	c	a	s	û	é	d	f	o	r	è	n	m	s
s	h	r	g	u	p	v	é	h	c	r	a	m	q	i	l	f
k	a	è	n	e	s	û	a	k	o	b	é	g	o	l	n	î
n	r	g	i	t	i	a	p	è	û	e	n	q	o	d	e	k
v	i	a	i	n	a	d	n	f	t	c	a	i	s	s	e	c
t	o	t	f	e	r	b	f	k	o	c	s	g	i	i	û	g
s	t	é	f	v	f	k	i	l	o	g	r	a	m	m	e	é
h	i	c	a	i	s	s	i	e	r	p	a	n	i	e	r	u
é	e	r	t	i	l	r	c	p	é	a	r	t	i	c	l	e

Word Scramble Hints

#1 - 1) fruit juice   2) apple juice   3) wine   4) red wine
5) coffee   6) mineral water   7) tonic water

#2 - 1) iced tea   2) cider   3) tonic water   4) wine   5) soda
6) lemonade   7) beer

#3 - 1) pineapple juice   2) soda   3) orange juice   4) tomato juice   5) fruit juice   6) tea   7) tonic water

#4 - 1) tea   2) vodka   3) tomato juice   4) tonic water   5) red wine   6) hot chocolate   7) beer

#5 - 1) milkshake   2) hot chocolate   3) tea   4) cider   5) beer
6) apple juice   7) lemonade

#6 - 1) chocolate bar   2) cake   3) cracker   4) butter
5) vinegar   6) cheese   7) mustard

#7 - 1) egg   2) sugar   3) salt   4) vegetable soup   5) cheese
6) salad   7) ice-cream

#8 - 1) cookie   2) mustard   3) olive oil   4) egg   5) bread
6) cracker   7) pastry

#9 - 1) vinegar   2) salad   3) mustard   4) ice-cream   5) sugar
6) vegetable soup   7) salt

#10 - 1) food   2) cake   3) cheese   4) bread   5) ice-cream
6) cookie   7) pastry

Word Scramble Hints

#11 - 1) apricot   2) plum   3) watermelon   4) cherry   5) date
6) walnut   7) grapefruit

#12 - 1) watermelon   2) melon   3) tangerine   4) almond
5) peach   6) pineapple   7) pear

#13 - 1) apricot   2) apple   3) blueberry   4) date   5) pear
6) raisin   7) melon

#14 - 1) raisin   2) pineapple   3) fig   4) walnut
5) watermelon   6) banana   7) date

#15 - 1) banana   2) apple   3) lemon   4) lime   5) fruit
6) almond   7) tangerine

#16 - 1) tripe   2) rib roast   3) sausage   4) cutlet   5) mutton
6) liver   7) salami

#17 - 1) ham   2) salami   3) roast beef   4) rib roast   5) pork
6) bacon   7) sausage

#18 - 1) sausage   2) cutlet   3) salami   4) lamb   5) steak
6) tripe   7) roast

#19 - 1) rib roast   2) salami   3) beef   4) tongue   5) tripe
6) roast   7) bacon

#20 - 1) tripe   2) meat   3) sausage   4) kidney   5) rib roast
6) beef   7) roast

Word Scramble Hints

#21 - 1) fish 2) sole 3) bass 4) mackerel 5) perch 6) anchovies 7) eel

#22 - 1) carp 2) octopus 3) tuna 4) salmon 5) scallops 6) sturgeon 7) clam

#23 - 1) mackerel 2) crab 3) eel 4) prawns 5) octopus 6) seafood 7) perch

#24 - 1) crayfish 2) mussels 3) perch 4) cod 5) oysters 6) squid 7) shrimp

#25 - 1) shrimp 2) lobster 3) octopus 4) anchovies 5) sea urchin 6) sole 7) bass

#26 - 1) aubergine 2) peas 3) mushroom 4) spinach 5) parsley 6) cabbage 7) pepper

#27 - 1) cauliflower 2) artichoke 3) beans 4) lettuce 5) celery 6) onion 7) rhubarb

#28 - 1) celery 2) artichoke 3) spinach 4) zucchini 5) potato 6) aubergine 7) cabbage

#29 - 1) chickpeas 2) rhubarb 3) pumpkin 4) gherkins 5) parsley 6) beet 7) garlic

#30 - 1) pepper 2) beet 3) rhubarb 4) carrot 5) onion 6) asparagus 7) parsley

Word Scramble Hints

#31 - 1) restaurant 2) spoon 3) tablecloth 4) non-smoking 5) menu 6) to reserve 7) chair

#32 - 1) soup bowl 2) ashtray 3) to reserve 4) lunch 5) menu 6) bill 7) fork

#33 - 1) to eat 2) to order 3) menu 4) booking 5) chair 6) breakfast 7) to reserve

#34 - 1) meal 2) dessert 3) cup 4) main course 5) table 6) knife 7) to eat

#35 - 1) spoon 2) soup spoon 3) expensive 4) wine list 5) thirsty 6) salad bowl 7) to order

#36 - 1) supermarket 2) counter 3) bag 4) fresh 5) weight 6) label 7) item

#37 - 1) market 2) shop 3) shelf 4) item 5) groceries 6) weight 7) litre

#38 - 1) shelf 2) box 3) label 4) weight 5) shop 6) litre 7) item

#39 - 1) item 2) counter 3) bag 4) gram 5) ripe 6) label 7) cost

#40 - 1) bag 2) trolley 3) shopping 4) gram 5) weight 6) shelf 7) groceries

Word Scramble Solutions

#1 - 1) jus de fruit   2) jus de pomme   3) vin   4) vin rouge   5) café   6) eau minérale   7) tonic

#2 - 1) thé glacé   2) cidre   3) tonic   4) vin   5) soda   6) limonade   7) bière

#3 - 1) jus d'ananas   2) soda   3) jus d'orange   4) jus de tomate   5) jus de fruit   6) thé   7) tonic

#4 - 1) thé   2) vodka   3) jus de tomate   4) tonic   5) vin rouge   6) chocolat chaud   7) bière

#5 - 1) milkshake   2) chocolat chaud   3) thé   4) cidre   5) bière   6) jus de pomme   7) limonade

#6 - 1) barre de chocolat   2) gâteau   3) biscuit salé   4) beurre   5) vinaigre   6) fromage   7) moutarde

#7 - 1) oeuf   2) sucre   3) sel   4) soupe de légume   5) fromage   6) salade   7) crême glacée

#8 - 1) biscuit   2) moutarde   3) huile d'olive   4) oeuf   5) pain   6) biscuit salé   7) pâtisserie

#9 - 1) vinaigre   2) salade   3) moutarde   4) crême glacée   5) sucre   6) soupe de légume   7) sel

#10 - 1) nourriture   2) gâteau   3) fromage   4) pain   5) crême glacée   6) biscuit   7) pâtisserie

Word Scramble Solutions

#11 - 1) abricot 2) prune 3) pastèque 4) cerise 5) datte 6) noix 7) pamplemousse

#12 - 1) pastèque 2) melon 3) mandarine 4) amande 5) pêche 6) ananas 7) poire

#13 - 1) abricot 2) pomme 3) myrtille 4) datte 5) poire 6) raisin sec 7) melon

#14 - 1) raisin sec 2) ananas 3) figue 4) noix 5) pastèque 6) banane 7) datte

#15 - 1) banane 2) pomme 3) citron 4) citron vert 5) fruit 6) amande 7) mandarine

#16 - 1) tripes 2) côte 3) saucisse 4) côtelette 5) mouton 6) foie 7) salami

#17 - 1) jambon 2) salami 3) rosbif 4) côte 5) porc 6) bacon 7) saucisse

#18 - 1) saucisse 2) côtelette 3) salami 4) agneau 5) steak 6) tripes 7) rôti

#19 - 1) côte 2) salami 3) boeuf 4) langue 5) tripes 6) rôti 7) bacon

#20 - 1) tripes 2) viande 3) saucisse 4) rein 5) côte 6) boeuf 7) rôti

Word Scramble Solutions

#21 - 1) poisson   2) sole   3) bar   4) maquereau   5) perche   6) anchois   7) anguille

#22 - 1) carpe   2) poulpe   3) thon   4) saumon   5) coquilles Saint Jacques   6) esturgeon   7) parlourde

#23 - 1) maquereau   2) crabe   3) anguille   4) crevettes   5) poulpe   6) fruits de mer   7) perche

#24 - 1) écrevisse   2) moule   3) perche   4) morue   5) huîtres   6) calmar   7) crevette

#25 - 1) crevette   2) homard   3) poulpe   4) anchois   5) oursin   6) sole   7) bar

#26 - 1) aubergine   2) petits pois   3) champignon   4) épinards   5) persil   6) chou   7) poivre

#27 - 1) chou-fleur   2) artichaut   3) haricots   4) laitue   5) céleri   6) oignon   7) rhubarbe

#28 - 1) céleri   2) artichaut   3) épinards   4) courgettes   5) pomme de terre   6) aubergine   7) chou

#29 - 1) pois chiche   2) rhubarbe   3) citrouille   4) cornichons   5) persil   6) betterave   7) ail

#30 - 1) poivre   2) betterave   3) rhubarbe   4) carotte   5) oignon   6) asperge   7) persil

Word Scramble Solutions

#31 - 1) restaurent   2) cuillière   3) nappe   4) non-fumeur   5) carte   6) réserver   7) chaise

#32 - 1) bol à soupe   2) cendrier   3) réserver   4) déjeuner   5) carte   6) facture   7) fourchette

#33 - 1) manger   2) commander   3) carte   4) réservation   5) chaise   6) petit-déjeuner   7) réserver

#34 - 1) repas   2) dessert   3) tasse   4) plat principal   5) table   6) couteau   7) manger

#35 - 1) cuillière   2) cuillière à soupe   3) cher   4) carte des vins   5) assoiffé   6) saladier   7) commander

#36 - 1) supermarché   2) comptoir   3) sac   4) frais   5) poids   6) étiquette   7) article

#37 - 1) marché   2) magasin   3) étagère   4) article   5) provisions   6) poids   7) litre

#38 - 1) étagère   2) boîte   3) étiquette   4) poids   5) magasin   6) litre   7) article

#39 - 1) article   2) comptoir   3) sac   4) gramme   5) mûr   6) étiquette   7) coût

#40 - 1) sac   2) chariot   3) courses   4) gramme   5) poids   6) étagère   7) provisions

Word Quiz Solutions

#1 - 1) b - beer 2) b - vodka 3) b - tomato juice 4) b - iced tea 5) b - white wine 6) a - tonic water 7) a - cider 8) b - red wine 9) b - wine 10) c - lemonade

#2 - 1) a - tonic water 2) b - apple juice 3) d - tomato juice 4) b - milkshake 5) b - tea 6) b - beer 7) c - soda 8) a - coffee 9) c - red wine 10) d - hot chocolate

#3 - 1) d - milk 2) a - beverage 3) c - water 4) d - beer 5) a - cider 6) b - apple juice 7) c - milkshake 8) c - tomato juice 9) c - lemonade 10) d - iced tea

#4 - 1) c - eau minérale 2) b - thé 3) b - vin 4) b - bière 5) d - jus de pomme 6) d - vin rouge 7) a - jus de tomate 8) b - cidre 9) a - jus d'orange 10) d - vodka

#5 - 1) d - vodka 2) d - bière 3) d - vin rouge 4) d - cidre 5) b - eau minérale 6) d - milkshake 7) d - jus d'orange 8) b - jus d'ananas 9) b - chocolat chaud 10) c - eau

#6 - 1) c - pastry 2) b - cake 3) b - vegetable soup 4) d - cookie 5) a - yoghurt 6) b - salad 7) c - chocolate bar 8) a - olive oil 9) b - sugar 10) b - salt

#7 - 1) b - salad 2) c - sugar 3) d - mustard 4) d - food 5) a - ice-cream 6) d - salt 7) d - chocolate bar 8) c - cookie 9) a - vegetable soup 10) c - olive oil

Word Quiz Solutions

#8 - 1) b - yoghurt 2) c - cheese 3) d - cake 4) a - olive oil
5) a - vegetable soup 6) b - cookie 7) a - mustard
8) b - ice-cream 9) c - vinegar 10) c - sugar

#9 - 1) a - moutarde 2) a - nourriture 3) a - crême glacée
4) b - biscuit salé 5) c - beurre 6) d - pain 7) c - pâtisserie
8) d - yaourt 9) b - huile d'olive 10) d - vinaigre

#10 - 1) d - fromage 2) a - biscuit salé 3) c - pâtisserie
4) d - nourriture 5) a - huile d'olive 6) b - gâteau 7) c - sel
8) a - salade 9) b - soupe de légume 10) d - crême glacée

#11 - 1) d - pear 2) a - apple 3) a - raisin 4) d - banana
5) d - tangerine 6) d - pineapple 7) c - lemon
8) c - strawberry 9) d - lime 10) b - watermelon

#12 - 1) a - fig 2) b - peanut 3) d - grape 4) a - chestnut
5) b - watermelon 6) a - lime 7) c - fruit 8) d - blueberry
9) d - prune 10) b - hazelnut

#13 - 1) b - chestnut 2) a - melon 3) c - banana
4) d - peach 5) d - date 6) a - orange 7) d - blackberry
8) b - pear 9) c - walnut 10) b - strawberry

#14 - 1) d - noix de coco 2) b - banane 3) a - cerise
4) c - noix 5) c - raisin 6) d - fraise 7) a - châtaigne
8) c - prune 9) a - abricot 10) d - amande

Word Quiz Solutions

#15 - 1) a - cacahuète   2) c - orange   3) a - raisin   4) a - fruit
5) a - pamplemousse   6) a - cerise   7) b - pomme
8) d - châtaigne   9) d - pêche   10) a - citron vert

#16 - 1) d - frankfurter   2) d - meat   3) c - veal
4) b - mutton   5) d - ham   6) d - tripe   7) b - steak
8) c - roast   9) a - lamb   10) b - pork

#17 - 1) a - kidney   2) a - steak   3) b - roast   4) c - meatballs
5) c - cutlet   6) a - mutton   7) a - ham   8) b - bacon
9) a - liver   10) c - meat

#18 - 1) d - tripe   2) a - tongue   3) c - sausage   4) c - kidney
5) a - cutlet   6) d - veal   7) b - salami   8) c - rib roast
9) b - bacon   10) a - meatballs

#19 - 1) a - jambon   2) d - steak   3) c - foie   4) b - rôti
5) a - boulettes de viande   6) b - boeuf   7) a - porc
8) d - agneau   9) d - saucisse de Francfort   10) c - rosbif

#20 - 1) d - filet   2) a - côte   3) a - côtelette   4) b - tripes
5) d - boulettes de viande   6) c - viande   7) b - bacon
8) b - langue   9) c - boeuf   10) d - rosbif

#21 - 1) a - bass   2) d - sole   3) c - sardine   4) c - scallops
5) d - trout   6) d - cod   7) d - swordfish   8) b - mussels
9) a - mackerel   10) c - lobster

Word Quiz Solutions

#22 - 1) a - squid 2) b - cod 3) d - herring 4) b - trout
5) b - perch 6) c - mussels 7) a - shrimp 8) a - swordfish
9) b - fish 10) d - oysters

#23 - 1) d - cod 2) b - sea urchin 3) a - clam 4) a - herring
5) d - anchovies 6) c - sturgeon 7) d - swordfish
8) a - bass 9) c - mackerel 10) b - trout

#24 - 1) b - poulpe 2) b - saumon 3) d - coquilles Saint Jacques 4) b - sole 5) d - thon 6) b - carpe
7) b - parlourde 8) d - crevette 9) d - sardine
10) c - moule

#25 - 1) c - truite 2) c - poisson 3) d - sardine
4) b - calmar 5) d - huîtres 6) a - écrevisse 7) b - oursin
8) d - crevettes 9) b - hareng 10) d - thon

#26 - 1) b - beet 2) c - radish 3) c - pumpkin
4) a - artichoke 5) a - beans 6) b - carrot 7) a - cabbage
8) d - tomato 9) b - corn 10) a - peas

#27 - 1) c - spinach 2) a - rhubarb 3) d - onion 4) c - corn
5) c - beans 6) d - artichoke 7) a - garlic 8) c - lettuce
9) c - asparagus 10) b - mushroom

#28 - 1) a - spinach 2) c - radish 3) b - broccoli
4) c - chickpeas 5) a - artichoke 6) b - peas 7) d - garlic
8) b - vegetable 9) c - zucchini 10) c - carrot

Word Quiz Solutions

#29 - 1) b - cornichons   2) b - chou-fleur   3) b - rhubarbe
4) d - pois chiche   5) a - carotte   6) d - poivre
7) b - légume   8) a - tomate   9) c - asperge
10) d - aubergine

#30 - 1) b - rhubarbe   2) a - radis   3) c - aubergine
4) d - épinards   5) b - citrouille   6) a - oignon
7) b - courgettes   8) b - brocoli   9) b - maïs
10) b - concombre

#31 - 1) c - wine list   2) b - knife   3) b - meal
4) a - breakfast   5) c - glass   6) b - to order
7) d - restaurant   8) b - to drink   9) b - smoking
10) a - tablecloth

#32 - 1) c - glass   2) a - to reserve   3) d - waitress
4) c - main course   5) a - ashtray   6) a - napkin   7) a - table
8) c - dessert   9) b - thirsty   10) a - to order

#33 - 1) d - salad fork   2) a - salad bowl   3) a - napkin
4) a - fork   5) b - ashtray   6) a - to drink   7) a - dinner
8) a - smoking   9) a - dish   10) a - price

#34 - 1) a - carte   2) b - bon marché   3) a - couteau
4) c - bol à soupe   5) a - plat principal   6) a - verre
7) d - serveuse   8) d - manger   9) a - serviette
10) a - serveur

#35 - 1) b - commander   2) d - nappe   3) c - couteau
4) b - cuillière à soupe   5) a - restaurent   6) b - déjeuner
7) d - réservation   8) a - carte   9) c - assoiffé   10) a - bol

Word Quiz Solutions

#36 - 1) b - bin   2) d - checkout   3) c - groceries   4) d - box
5) a - cashier   6) d - sale   7) a - shopping   8) c - gram
9) b - market   10) a - cost

#37 - 1) a - groceries   2) d - ripe   3) c - sale   4) d - checkout
5) d - litre   6) a - trolley   7) b - box   8) b - gram
9) a - cashier   10) b - supermarket

#38 - 1) b - gram   2) c - ripe   3) b - label   4) d - trolley
5) a - groceries   6) d - bag   7) b - counter   8) c - sale
9) c - litre   10) b - checkout

#39 - 1) c - litre   2) c - courses   3) a - comptoir
4) c - étagère   5) c - chariot   6) a - mûr   7) d - frais
8) a - boîte   9) b - gramme   10) d - article

#40 - 1) c - vente   2) c - panier   3) a - supermarché
4) d - boîte   5) d - frais   6) d - coût   7) a - mûr
8) a - provisions   9) a - litre   10) b - kilogramme

Welcome to the Dictionary section!

French words are given in bold, with the English meaning after.

Parts of speech are given in [].

m = masculine noun   mp = masculine plural
f = feminine noun   fp = feminine plural
adj = adjective   adv = adverb
num = number   v = verb

abricot (l') *[m]* - apricot
agneau (l') *[m]* - lamb
ail (l') *[m]* - garlic
amande (l') *[f]* - almond
ananas (l') *[m]* - pineapple
anchois (les) *[mp]* - anchovies
anguille (l') *[f]* - eel
artichaut (l') *[m]* - artichoke
article (l') *[m]* - item
asperge (l') *[f]* - asparagus
assoiffé *[adj]* - thirsty
aubergine (l') *[f]* - aubergine
bacon (le) *[m]* - bacon
banane (la) *[f]* - banana
bar (le) *[m]* - bass
barre de chocolat (la) *[f]* - chocolate bar
betterave (la) *[f]* - beet
beurre (le) *[m]* - butter
biscuit (le) *[m]* - cookie
biscuit salé (le) *[m]* - cracker
bière (la) *[f]* - beer
boeuf (le) *[m]* - beef
boire *[v]* - to drink
boisson (la) *[f]* - beverage
boîte (la) *[f]* - box
bol (le) *[m]* - bowl
bol à soupe (le) *[m]* - soup bowl
bon marché *[adj]* - cheap
boulettes de viande (les) *[fp]* - meatballs
brocoli (le) *[m]* - broccoli
cacahuète (la) *[f]* - peanut
café (le) *[m]* - coffee
caisse (la) *[f]* - checkout
caissier (le) *[m]* - cashier
calmar (le) *[m]* - squid

carotte (la) *[f]* - carrot
carpe (la) *[f]* - carp
carte (la) *[f]* - menu
carte des vins (la) *[f]* - wine list
céleri (le) *[m]* - celery
cendrier (le) *[m]* - ashtray
cerise (la) *[f]* - cherry
chaise (la) *[f]* - chair
champignon (le) *[m]* - mushroom
chariot (le) *[m]* - trolley
châtaigne (la) *[f]* - chestnut
cher *[adj]* - expensive
chocolat chaud (le) *[m]* - hot chocolate
chou (le) *[m]* - cabbage
chou-fleur (le) *[m]* - cauliflower
cidre (le) *[m]* - cider
citron (le) *[m]* - lemon
citron vert (le) *[m]* - lime
citrouille (la) *[f]* - pumpkin
commander *[v]* - to order
comptoir (le) *[m]* - counter
concombre (le) *[m]* - cucumber
coquilles Saint Jacques (les) *[fp]* - scallops
cornichons (les) *[mp]* - gherkins
courgettes (les) *[fp]* - zucchini
courses (les) *[fp]* - shopping
couteau (le) *[m]* - knife
coût (le) *[m]* - cost
crabe (le) *[m]* - crab
crevette (la) *[f]* - shrimp
crevettes (les) *[fp]* - prawns
crème glacée (la) *[f]* - ice-cream
cuillière (la) *[f]* - spoon
cuillière à soupe (la) *[f]* - soup spoon
côte (la) *[f]* - rib roast
côtelette (la) *[f]* - cutlet

datte (la) *[f]* - date
déjeuner (le) *[m]* - lunch
dessert (le) *[m]* - dessert
dîner (le) *[m]* - dinner
eau (l') *[f]* - water
eau minérale (l') *[f]* - mineral water
écrevisse (l') *[f]* - crayfish
épinards (les) *[mp]* - spinach
espadon (l') *[m]* - swordfish
esturgeon (l') *[m]* - sturgeon
étagère (l') *[f]* - shelf
étiquette (l') *[f]* - label
facture (la) *[f]* - bill
faim (la) *[f]* - hungry
fenouil (le) *[m]* - fennel
figue (la) *[f]* - fig
filet (le) *[m]* - loin
foie (le) *[m]* - liver
fourchette (la) *[f]* - fork
fourchette à salade (la) *[f]* - salad fork
frais *[adj]* - fresh
fraise (la) *[f]* - strawberry
framboise (la) *[f]* - raspberry
fromage (le) *[m]* - cheese
fruit (le) *[m]* - fruit
fruits de mer (les) *[mp]* - seafood
fumeur *[adj]* - smoking
gâteau (le) *[m]* - cake
gramme (le) *[m]* - gram
hareng (le) *[m]* - herring
haricots (les) *[mp]* - beans
homard (le) *[m]* - lobster
huile d'olive (l') *[f]* - olive oil
huîtres (les) *[fp]* - oysters
jambon (le) *[m]* - ham
jus d'ananas (le) *[m]* - pineapple juice

jus de fruit (le) *[m]* - fruit juice
jus de pomme (le) *[m]* - apple juice
jus de tomate (le) *[m]* - tomato juice
jus d'orange (le) *[m]* - orange juice
kilogramme (le) *[m]* - kilogram
lait (le) *[m]* - milk
laitue (la) *[f]* - lettuce
langue (la) *[f]* - tongue
légume (le) *[m]* - vegetable
limonade (la) *[f]* - lemonade
litre (le) *[m]* - litre
magasin (le) *[m]* - shop
mandarine (la) *[f]* - tangerine
manger *[v]* - to eat
maquereau (le) *[m]* - mackerel
marché (le) *[m]* - market
maïs (le) *[m]* - corn
melon (le) *[m]* - melon
milkshake (le) *[m]* - milkshake
morue (la) *[f]* - cod
moule (la) *[f]* - mussels
moutarde (la) *[f]* - mustard
mouton (le) *[m]* - mutton
myrtille (la) *[f]* - blueberry
mûr *[adj]* - ripe
mûre (la) *[f]* - blackberry
nappe (la) *[f]* - tablecloth
noisette (la) *[f]* - hazelnut
noix (la) *[f]* - walnut
noix de coco (la) *[f]* - coconut
non-fumeur *[adj]* - non-smoking
nourriture (la) *[f]* - food
oeuf (l') *[m]* - egg
oignon (l') *[m]* - onion
orange (l') *[f]* - orange
oursin (l') *[m]* - sea urchin

pain (le) *[m]* - bread
pamplemousse (le) *[m]* - grapefruit
panier (le) *[m]* - bin
parlourde (la) *[f]* - clam
pastèque (la) *[f]* - watermelon
pâtisserie (la) *[f]* - pastry
perche (la) *[f]* - perch
persil (le) *[m]* - parsley
petit-déjeuner (le) *[m]* - breakfast
petits pois (les) *[mp]* - peas
plat (le) *[m]* - dish
plat principal (le) *[m]* - main course
plie (la) *[f]* - plaice
poids (le) *[m]* - weight
poire (la) *[f]* - pear
pois chiche (les) *[mp]* - chickpeas
poisson (le) *[m]* - fish
poivre (le) *[m]* - pepper
pomme (la) *[f]* - apple
pomme de terre (la) *[f]* - potato
porc (le) *[m]* - pork
poulpe (le) *[m]* - octopus
prix (le) *[m]* - price
provisions (les) *[fp]* - groceries
prune (la) *[f]* - plum
pruneau (le) *[m]* - prune
pêche (la) *[f]* - peach
radis (le) *[m]* - radish
raisin (le) *[m]* - grape
raisin sec (le) *[m]* - raisin
rein (le) *[m]* - kidney
repas (le) *[m]* - meal
réservation (la) *[f]* - booking
réserver *[v]* - to reserve
restaurent (le) *[m]* - restaurant
rhubarbe (la) *[f]* - rhubarb

rosbif (le) *[m]* - roast beef
rôti *[adj]* - roast
sac (le) *[m]* - bag
salade (la) *[f]* - salad
saladier (le) *[m]* - salad bowl
salami (le) *[m]* - salami
sardine (la) *[f]* - sardine
saucisse (la) *[f]* - sausage
saucisse de Francfort (la) *[f]* - frankfurter
saumon (le) *[m]* - salmon
sel (le) *[m]* - salt
serveur (le) *[m]* - waiter
serveuse (la) *[f]* - waitress
serviette (la) *[f]* - napkin
soda (le) *[m]* - soda
sole (la) *[f]* - sole
soupe de légume (la) *[f]* - vegetable soup
steak (le) *[m]* - steak
sucre (le) *[m]* - sugar
supermarché (le) *[m]* - supermarket
table (la) *[f]* - table
tasse (la) *[f]* - cup
thé (le) *[m]* - tea
thé glacé (le) *[m]* - iced tea
thon (le) *[m]* - tuna
tomate (la) *[f]* - tomato
tonic (le) *[mp]* - tonic water
tripes (les) *[fp]* - tripe
truite (la) *[f]* - trout
veau (le) *[m]* - veal
vente (la) *[f]* - sale
verre (le) *[m]* - glass
viande (le) *[m]* - meat
vin (le) *[m]* - wine
vin blanc (le) *[m]* - white wine
vin rouge (le) *[m]* - red wine

vinaigre (le) *[m]* - vinegar
vodka (la) *[f]* - vodka
yaourt (le) *[m]* - yoghurt

Also by Erik Zidowecki

Finding Your Way to Languages:
Six Methods of Language Learning

So you want to learn another language? Great! You've chosen the one you want, and are ready to jump in with the learning? Fantastic!

Now the REAL question: What is the best way to learn a language?

Since each person learns in a different way, there is no method that works the best for everyone. This book is designed for those that don't yet know what their way is. It examines six common methods of studying a language: Audio, Books, Classes, Software, Internet and Immersion. Material includes basic overviews, pros and cons, examples and anecdotes.

This book won't teach you any secrets, any overnight paths to fluency. What it will give you is a solid understanding of what the strengths and weaknesses are of each approach, allowing you, the reader, to find your own way to languages.

Also by Erik Zidowecki

Parleremo Languages Word Search Puzzles
The most popular of the puzzle series. 360 word search puzzles with different levels of difficulty covering a dozen categories. Available for several languages, including German, French, Spanish, Italian, Portuguese, Polish, Turkish, Hungarian, and Norwegian.

Parleremo Languages Word Search Puzzles Travel Edition
These are the pocket sized versions of the regular word search puzzles. 120 puzzles in a dozen categories, available in many languages.

Parleremo Languages Word Scramble Puzzles
These books stress spelling as you need to unscramble the letters to find the hidden words. Each one contains 1440 scrambles in a many categories, with hints and solutions. Available in many languages.

Also by Erik Zidowecki

Parleremo Languages Basic Vocabulary Quizzes
To supplement your language learning, these books drill your vocabulary using multiple choice quizzes. Choose the answer that best matches the given word. 180 puzzles with 24 questions in each. Complete with solutions.

Parleremo Languages Basic Vocabulary Activities
These books combine word searches, word scrambles, and multiple choice quizzes into a full activities bundle to aid your language learning. Multiple categories and languages.

Beginner's Word Searches
For kids or those just starting to learn a language, these books are a fun way to get familiar with a new language. Each of the 100 puzzles has the words for both languages hidden in a letter grid for the person to find. Available in several languages.

About the Author

Erik Zidowecki is a computer programmer and language lover. He is a co-founder of UniLang and founder of Parleremo, both web communities dedicated to helping people learn languages. He is also the Editor in Chief of Parrot Time magazine, a magazine devoted to language, linguistics, culture and the Parleremo community.

About Parleremo Languages

Parleremo is a language learning web site and online community. Free to any who wish to learn about languages and cultures, Parleremo uses a mixture of static and interactive resources as well as peer to peer sharing of knowledge and experience.

We are devoted to providing language materials and resources to people that want to learn and work with a like minded community.

Connect with Me:

Follow me on Twitter:
https://twitter.com/Parleremo
Friend me on Facebook:
https://www.facebook.com/ezidowecki
Join my group on Facebook:
https://www.facebook.com/groups/264839636895941/
Join my site: http://www.parleremo.org/

Printed in Great Britain
by Amazon